KB082547

차시	날짜		빠르기	정확도	확인란
1	월	일	타	%	
2	월	일	타	%	
3	월	일	타	%	
4	월	일	타	%	
5	월	일	타	%	
6	월	일	타	%	
7	월	일	타	%	
8	월	일	타	%	
9	월	일	타	%	
10	월	일	타	%	
11	월	일	타	%	
12	월	일	타	%	

차시	날짜		빠르기	정확도	확인란
13	월	일	타	%	
14	월	일	타	%	
15	월	일	타	%	
16	월	일	타	%	
17	월	일	타	%	
18	월	일	타	%	
19	월	일	타	%	
20	월	일	타	%	
21	월	일	타	%	
22	월	일	타	%	
23	월	일	타	%	
24	월	일	타	%	

이 책의 목차

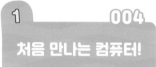

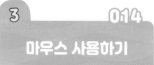

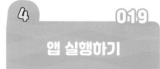

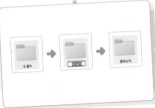
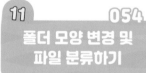

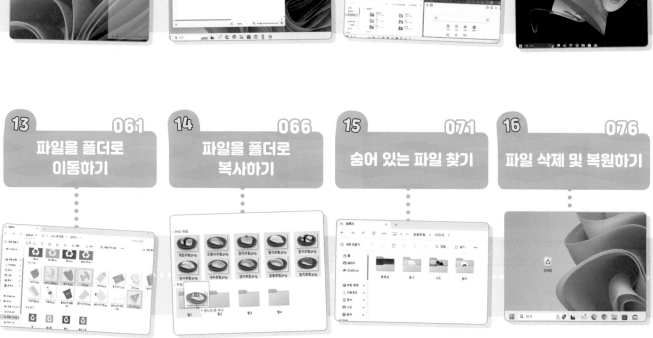

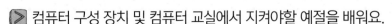

01 처음 만나는 컴퓨터!

학 습 목 표

> 컴퓨터 구성 장치 및 컴퓨터 교실에서 지켜야할 예절을 배워요.

> 컴퓨터를 켜고, 끄는 방법을 알아보아요.

STEP 01 · 컴퓨터 첫걸음

1 컴퓨터 기본 구성에 대해 알아보아요.

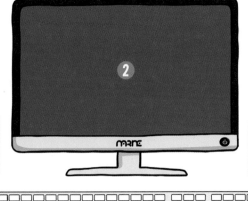

❶ **본체 :** 컴퓨터 작동에 필요한 여러 가지 장치들이 모여 있어요. 본체는 모니터, 키보드, 마우스 등을 연결
해야만 컴퓨터로 사용할 수 있어요.

❷ **모니터 :** 글자, 그림, 영상 등을 모니터 화면으로 보여줘요.

❸ **키보드 :** 글자를 입력하거나 컴퓨터에게 어떤 일을 시킬 수 있어요.

❹ **마우스 :** 마우스 버튼을 눌러 컴퓨터에게 여러 가지 일을 시킬 수 있어요.

❺ **프린터 :** 모니터 화면에 보이는 문서나 사진 등을 종이로 인쇄해줘요.

❻ **스피커 :** 음악 등을 들을 수 있도록 소리를 들려줘요.

❷ 컴퓨터 주변 기기(장치)들은 어떤 일을 할까요?

❶ 입력 장치(키보드, 마우스) : 사람의 말을 이해하지 못하는 컴퓨터에게 어떤 일을 시킬 때 사용해요.

❷ 저장 장치(하드디스크, USB) : 우리가 중요한 내용을 노트나 다이어리 등에 적어서 보관한 것처럼 컴퓨터도 저장 장치를 이용하여 자료를 보관해요.

❸ 출력 장치(모니터, 프린터, 스피커) : 컴퓨터에게 어떤 일을 시켰을 때 사람이 확인할 수 있도록 글자, 이미지, 영상, 소리 등으로 출력해줘요.

 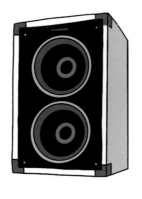 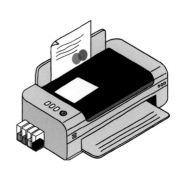

❸ 컴퓨터실에서도 지켜야 할 예절이 있나요?

❶ 컴퓨터실에 올 때에는 음식물이나 장난감을 가지고 오지 않습니다.

❷ 컴퓨터실 선생님과 친구들에게 공손하고 반갑게 인사합니다.

❸ 돌아다니거나 떠들지 않고 자신의 자리에 앉아 수업 준비를 합니다.

❹ 수업 중에 궁금한 것이 있을 때에는 조용히 손을 들고 기다립니다.

❺ 선생님의 허락 없이 프로그램을 설치하거나 삭제하지 않습니다.

❻ 수업이 끝나면 컴퓨터를 끄고 자리를 정리정돈합니다.

④ 컴퓨터를 켜 보세요.

① 본체 앞쪽 또는 위쪽에 있는 전원 버튼을 1~2초 정도 눌러요.

② 모니터 가운데 또는 오른쪽에 있는 전원 버튼을 1~2초 정도 눌러요.

③ 일정한 시간이 지나면 모니터에 윈도우 화면이 나올 거예요.

⑤ 컴퓨터를 꺼 보세요.

① 윈도우 화면에서 [시작]-[전원]-[시스템 종료] 버튼을 마우스로 클릭하세요.

② 일정한 시간이 지나면 본체가 꺼지고 모니터 화면은 검게 보일 거예요.

잠깐만 봐주세요!

몬스터 타자왕 교재는 윈도우 11을 기준으로 화면 내용을 보여주지만 모든 윈도우에서 공용으로 사용할
수 있는 기능들 위주로 교재 내용을 구성하였습니다.

1 몬스터 타자를 이용하여 원하는 콘텐츠로 마우스를 연습하세요.

2 '나'는 누구일까요? 내용에 맞는 주변 기기(장치)를 찾아 선으로 이어 보세요.

글자나 그림 등을 볼 수 있도록 종이에 인쇄해줘요. '나'는 누구일까요?

글자를 입력하거나 컴퓨터에게 어떤 일을 시킬 수 있어요. '나'는 누구일까요?

음악 등을 들을 수 있도록 소리를 들려줘요. '나'는 누구일까요?

02 키보드 사용하기

> 몬스터 타자를 이용하여 1단계 '자리 연습'과 '자리 익힘'을 연습해요.
> 올바른 컴퓨터 자세와 키보드 특수키 사용 방법을 알아보아요.

STEP 01 · 타자첫걸음

1 몬스터 타자 연습(1단계 자리 연습 및 자리 익힘)

① 왼손을 키보드 ㅁㄴㅇㄹ 위치에 오른손을 키보드 ㅓㅏㅣ; 위치에 올린 후 **1단계 기본 자리 글쇠**와 손가락 위치를 확인해 보세요.

1단계 기본 자리 글쇠 연습	왼손	오른손
	ㅁㄴㅇㄹ	ㅓㅏㅣ;

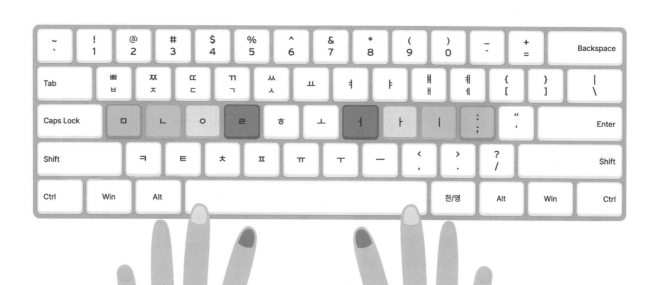

② 몬스터 타자를 실행하여 **1단계 [자리 연습]** 및 **[자리 익힘]**을 연습하세요.

손목 휴식 시간!

아래 그림에서 숨어 있는 그림들을 찾아보세요.

열쇠, 카메라, 비행기, 화분, 피자, 깃발, 턴테이블, 도넛, 사과, 자전거

① 컴퓨터 작업을 위한 올바른 자세가 있나요?

① **눈** : 모니터와의 거리는 최소 40cm 이상 거리를 두고 모니터 화면은 자신의 눈높이보다 10~30도 정도 아래쪽으로 기울여 주세요

② **턱** : 턱을 당긴 상태로 자세를 유지해야 거북목이 되는 것을 방지할 수 있어요.

③ **허리** : 허리를 의자 등받이에 붙이고 곧게 펴서 앉는 것이 좋아요.

④ **가슴** : 등이 말리지 않도록 최대한 가슴을 펴고 편안한 자세를 유지하는 것이 좋아요.

⑤ **팔** : 키보드에 손을 얹었을 때 팔꿈치의 각도는 90도 내외가 좋으며, 키보드와 마우스는 팔꿈치 높이와 수평이 되는게 좋아요.

⑥ **손목** : 키보드 받침대를 이용하여 각도를 맞추고 손목을 약간들어 편안하게 맞추세요.

⑦ **손가락** : 엄지를 제외한 나머지 여덟 손가락을 기준키(　ㅁ ㄴ ㅇ ㄹ　 ㅓ ㅏ ㅣ ；) 위에 올려놓아요.

⑧ **다리** : 무릎의 각도를 90도 내외로 맞추고 발을 편안하게 바닥에 닿게 해주세요. 만약, 바닥에 발이 닿지 않을 경우에는 발 받침대를 이용하는 것을 추천해요.

⑨ 컴퓨터를 오랜 시간동안 사용할 경우 30~40분마다 5~10분씩 휴식을 갖는 것이 좋아요.

❷ 키보드 특수키가 뭐예요?

❶ **Esc** : 작업 도중에 특정 명령을 취소할 수 있어요.

❷ **Tab** : 글자를 입력할 때 8칸 띄우거나, 표 안에서 셀을 이동할 수 있어요.

❸ **Caps Lock** : 영문을 입력할 때 대문자 또는 소문자를 선택하여 연속으로 입력할 수 있어요.

❹ **Shift** : 한글은 쌍자음(ㅃㅉㄸㄲ) 및 이중모음(ㅐㅔ), 영문은 대문자(ABC) 및 소문자(abc), 숫자키는 특수문자(^&^)를 입력할 때 함께 눌러야 해요.

❺ **Ctrl** : 다른 키와 함께 사용하여 복사, 잘라내기, 붙여넣기 등을 할 수 있으며, 여러 개의 파일을 한 번에 선택할 때도 사용해요.

❻ **⊞** : 윈도우 [시작] 메뉴가 열리며, 다른 키와 함께 사용하면 여러 가지 윈도우 기능을 빠르게 실행할 수 있어요.

❼ **Alt** : 혼자서는 사용할 수 없기 때문에 다른 키와 함께 사용해야 해요.

❽ **Spacebar** : 글자를 입력할 때 빈 공백을 추가할 수 있어요.

❾ **한/영** : 글자를 입력할 때 한글 또는 영문을 선택하여 입력할 수 있어요.

❿ **한자** : 한글을 입력한 후 해당 키를 누르면 원하는 한자를 선택하여 입력할 수 있으며, 자음(ㅁㄴㅇㄹ)만 입력한 후 해당 키를 누르면 특수문자(♣, 【, ①, ㎠)를 입력할 수 있어요.

⓫ **Enter ↵** : 글자를 입력할 때 줄을 바꾸거나, 프로그램의 특정 명령을 실행할 수 있어요.

⓬ **Backspace** : 글자를 지울 때 현재 커서의 위치를 기준으로 왼쪽 글자를 지울 수 있어요.

⓭ **Insert** : 글자를 입력할 때 삽입 또는 수정 상태로 변경할 수 있어요.

⓮ **Delete** : 글자를 지울 때 현재 커서의 위치를 기준으로 오른쪽 글자를 지울 수 있어요.

⓯ **Home** : 커서의 위치를 해당 줄의 맨 앞쪽으로 한 번에 이동시킬 수 있어요.

⓰ **End** : 커서의 위치를 해당 줄의 맨 끝쪽으로 한 번에 이동시킬 수 있어요.

⓱ **Page up** : 화면에 보이는 내용을 기준으로 한 페이지씩 위쪽으로 이동시킬 수 있어요.

⓲ **Page Down** : 화면에 보이는 내용을 기준으로 한 페이지씩 아래쪽으로 이동시킬 수 있어요.

⓳ **Num Lock** : 해당 키를 눌러 키보드 우측 상단에 불이 켜지면 오른쪽 키패드는 '숫자'를 입력할 수 있으며, 불이 꺼지면 '방향키'로 사용할 수 있어요.

1 몬스터 타자를 이용하여 원하는 콘텐츠로 마우스를 연습하세요.

2 특수키 [Insert]와 [Spacebar]를 이용하여 아래 그림처럼 수정해 보세요.

❶ [실습파일]-[특수키] 폴더에서 **스페이스(문제).hwp** 파일을 더블 클릭 하세요.

❷ [Spacebar]는 글자를 입력할 때 빈 공백을 추가할 수 있지만 반드시 [Insert]가 '삽입' 상태로 되어 있어야 해요.

❸ [Insert]는 글자를 입력할 때 '삽입' 또는 '수정' 상태로 변경할 수 있어요.

❹ 원고지에서 '방'를 클릭한 후 [Spacebar]를 한 번 눌러 공백을 추가하세요.

❺ 원고지에서 '들'을 클릭한 후 [Spacebar]를 한 번 눌러 공백을 추가하세요.

❻ [Insert]를 눌러 입력 상태를 '수정'으로 변경하세요. '방'을 클릭한 후 스페이스를 한 번 눌렀을 때 원고지 내용이 어떻게 변경되는지 확인해 보세요.

아	버	지	기	방	에	들	어	가	신	다	.								

아	버	지	가		방	에		들	어	가	신	다	.						

ㅇ3 마우스 사용하기

학 습 목 표

> ▶ 몬스터 타자를 이용하여 2단계 '자리 연습'과 '자리 익힘'을 연습해요.
> ▶ 마우스 잡는 방법과 동작을 배워보아요.

STEP 01 · 타자첫걸음

① 몬스터 타자 연습(2단계 자리 연습 및 자리 익힘)

❶ 왼손을 키보드 ㅁ ㄴ ㅇ ㄹ 위치에 오른손을 키보드 ㅣ ㅓ ㅏ ㅣ 위치에 올린 후 **2단계 왼손 윗글쇠**와 손가락 위치를 확인해 보세요.

2단계 왼손 윗글쇠 연습	왼손	오른손
	ㅂㅈㄷㄱ	

14

❷ 몬스터 타자를 실행하여 **2단계 [자리 연습] 및 [자리 익힘]**을 연습하세요.

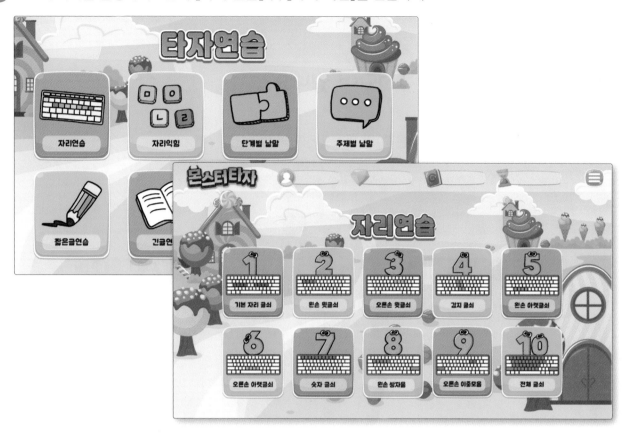

손목 휴식 시간!

아래 그림에서 틀린 부분 6개를 찾아서 오른쪽 그림에 표시해 보세요.

1 마우스는 어떻게 구성되어 있나요?

마우스는 보통 **2개의 버튼(왼쪽/오른쪽)**과 휠로 구성되어 있어요.

마우스 휠

마우스 왼쪽 버튼 — 마우스 오른쪽 버튼

2 마우스 잡는 방법이 궁금해요!

❶ 힘을 빼고 계란을 잡듯이 아래 그림처럼 마우스를 손으로 감싸세요.

❷ 엄지 손가락은 왼쪽 몸통, 검지 손가락은 왼쪽 버튼, 중지 손가락은 오른쪽 버튼, 나머지 손가락은 오른쪽 몸통에 위치시켜 주세요.

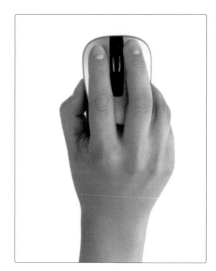
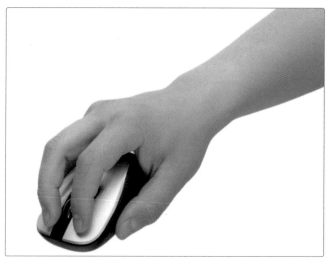

③ 마우스는 어떻게 동작하나요?

① 클릭 : 마우스 왼쪽 버튼을 한 번 눌렀다가 떼는 동작으로 주로 아이콘이나 파일 등을 선택할 때 사용해요.

② 더블 클릭 : 마우스 왼쪽 버튼을 빠르게 두 번 누르는 동작으로 앱 또는 파일 등을 실행할 때 사용해요.

▲ 클릭

▲ 더블 클릭

③ 드래그 : 마우스 왼쪽 버튼을 누른 상태로 마우스를 이동한 후 손을 떼는 동작으로 파일을 이동시키거나 창의 크기를 변경할 때 사용해요.

④ 스크롤 : 마우스 휠을 위-아래로 굴리는 동작으로 모니터 화면에 보이는 내용을 빠르게 위-아래로 이동시킬 때 사용해요.

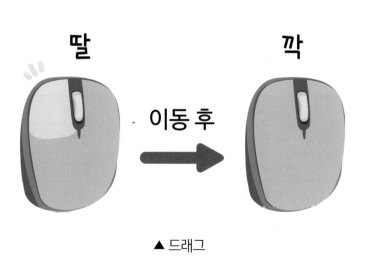

딸   이동 후   깍

▲ 드래그

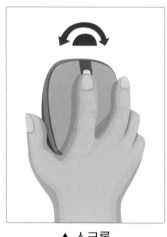

▲ 스크롤

잠깐만 봐주세요!

마우스 포인터 ⬚
마우스를 천천히 움직이면 화면에 작은 화살표가 움직이는 것을 볼 수 있는데 이것을 '마우스 포인터'라고 불러요.

1 몬스터 타자를 이용하여 원하는 콘텐츠로 마우스를 연습하세요.

2 특수키 Tab 을 이용하여 아래 그림처럼 수정해 보세요.

❶ [실습파일]-[특수키] 폴더에서 **탭(문제).hwp** 파일을 더블 클릭 하세요.

❷ Tab 은 글자를 입력할 때 8칸을 띄우거나, 표 안에서 셀을 이동할 수 있어요.

❸ 표 제목에서 '초' 오른쪽을 클릭한 후 Tab 을 눌러 8칸을 띄어보세요.

❹ 똑같은 방법으로 나머지 글자들도 8칸씩 띄어보세요.

❺ 표 안에 '짜장면'을 클릭한 후 Tab 을 눌러 다음 셀로 이동해 보세요.

초등학생이좋아하는음식!

짜장면	탕수육	갈비	떡볶이	피자
햄버거	라면	핫도그	통닭	돈가스
김밥	스파게티	아이스크림	케이크	불고기
소떡소떡	감자튀김	탕후루	마라탕	호떡

초   등   학   생   이   좋   아   하   는   음   식!

짜장면	탕수육	갈비	떡볶이	피자
햄버거	라면	핫도그	통닭	돈가스
김밥	스파게티	아이스크림	케이크	불고기
소떡소떡	감자튀김	탕후루	마라탕	호떡

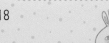

04 앱 실행하기

학 습 목 표

> 몬스터 타자를 이용하여 3단계 '자리 연습'과 '자리 익힘'을 연습해요.

> 컴퓨터에 설치된 앱을 다양한 방법으로 실행해 보아요.

STEP 01 · 타자첫걸음

1 몬스터 타자 연습(3단계 자리 연습 및 자리 익힘)

❶ 왼손을 키보드 ⬜⬜⬜⬜ 위치에 오른손을 키보드 ⬜⬜⬜⬜ 위치에 올린 후 **3단계 오른손 윗글쇠와** 손가락 위치를 확인해 보세요.

3단계 오른손 윗글쇠 연습	왼손	오른손
		ㅕ ㅑ ㅐ ㅔ

❷ 몬스터 타자를 실행하여 **3단계 [자리 연습] 및 [자리 익힘]**을 연습하세요.

손목 휴식 시간!

아래 그림에서 숨어 있는 마린몬을 찾아보세요.

숨은 마린몬 찾기! :

1 앱이 뭔가요?

앱은 애플리케이션의 약어로 스마트폰에 설치된 모든 소프트웨어를 의미하지만 요즘에는 컴퓨터에 설치된 소프트웨어도 **앱**이라고 불러요.

2 다양한 방법으로 앱을 실행해 볼까요?

① 컴퓨터에 설치된 앱을 실행하는 방법은 크게 **시작 메뉴, 작업 표시줄, 바탕 화면**을 이용할 수 있어요.

② [시작] 메뉴에서 마우스 휠을 굴려 [메모장] 앱을 찾아서 실행한 후 <닫기(×)> 단추를 눌러 앱을 종료하세요.

💡 윈도우 11은 <시작> 버튼을 누른 후 <모든 앱>을 클릭해 주세요.

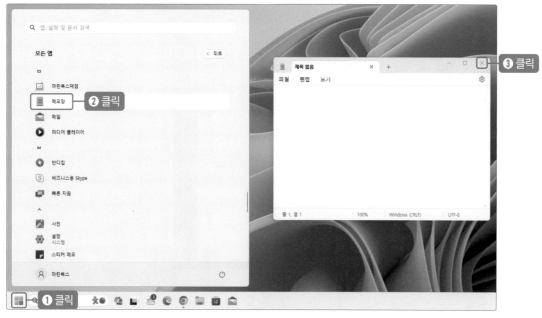

 **잠깐만 봐주세요!**

윈도우 11의 <시작> 버튼을 왼쪽으로 이동시키기

바탕화면에서 마우스 오른쪽 버튼을 눌러 [개인 설정] 클릭 → 개인 설정 화면에서 [작업 표시줄] 클릭 → [작업 표시줄 동작] 클릭 → 작업 표시줄 맞춤을 '왼쪽'으로 변경

검색(　Q 검색　)을 이용하여 앱 실행하기

검색(찾기) 칸에 앱 이름(Q 메모장)을 입력하여 실행할 수도 있어요.

③ 이번에는 작업 표시줄에서 **[파일 탐색기]** 앱을 클릭하여 실행한 후 앱을 종료하세요.

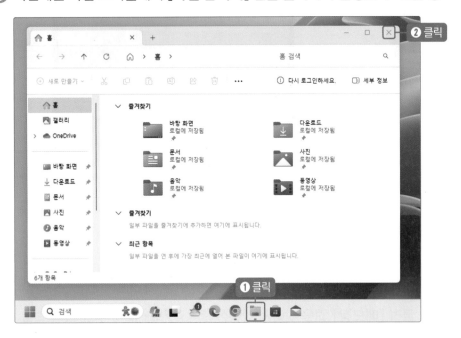

④ 이번에는 윈도우 바탕화면에서 **[휴지통]** 앱을 더블 클릭하여 실행한 후 앱을 종료하세요.

22

1 몬스터 타자를 이용하여 원하는 콘텐츠로 마우스를 연습하세요.

2 특수키 Backspace 를 이용하여 아래 그림처럼 수정해 보세요.

> ❶ [실습파일]-[특수키] 폴더에서 **백스페이스(문제).hwp** 파일을 더블 클릭 하세요.
> ❷ Backspace 는 글자를 지울 때 현재 커서의 위치를 기준으로 왼쪽 글자를 지울 수 있어요.
> ❸ '?'를 클릭한 후 Backspace 를 3번 눌러 공백을 지워보세요.(커서가 '?' 뒤쪽이 아닌 바로 왼쪽에 위치)
> ❹ '초'자를 클릭한 후 Backspace 를 5번 눌러 공백과 글자를 지워보세요.

방	학	동	:		초	등	학	생	이		가	장		좋	아	하	는
동	네	는			?												

초	등	학	생	이		가	장		좋	아	하	는		동	네	는	?

 창을 내 마음대로 다루기

학 습 목 표

> 몬스터 타자를 이용하여 4단계 '자리 연습'과 '자리 익힘'을 연습해요.
> 마우스로 창의 크기를 조절하고 창 조절 단추로 창을 제어할 수 있어요.

STEP 01 · 타자첫걸음

1 몬스터 타자 연습(4단계 자리 연습 및 자리 익힘)

❶ 왼손을 키보드 ㅁ ㄴ ㅇ ㄹ 위치에 오른손을 키보드 ㅓ ㅏ ㅣ ; 위치에 올린 후 **4단계 검지 글쇠**와 손가락 위치를 확인해 보세요.

4단계 검지 글쇠 연습	왼손	오른손
	ㅅ ㅎ ㅠ	ㅛ ㅗ ㅜ

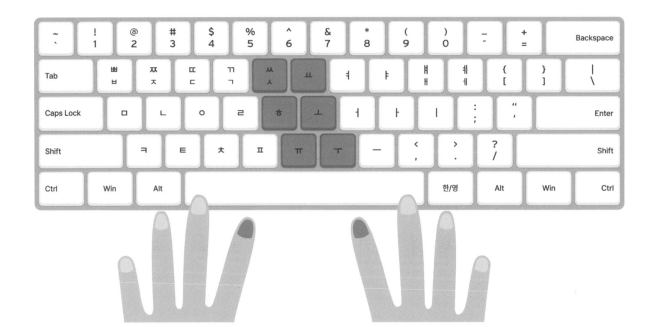

❷ 몬스터 타자를 실행하여 **4단계 [자리 연습] 및 [자리 익힘]**을 연습하세요.

손목 휴식 시간!

아래 그림에서 숨어 있는 그림들을 찾아보세요.

쉐프모자

온도계

바나나

편지

텀블러

번개

1 마우스로 드래그하여 창의 크기를 변경해 볼까요?

❶ [메모장]을 실행한 후 창의 **위쪽, 아래쪽, 왼쪽, 오른쪽, 모서리** 라인 중에서 원하는 곳에 마우스 포인터를 이동시켜 주세요.

❷ 마우스 포인터가 화살표 모양으로 변경되면 드래그하여 창의 크기를 변경해 보세요.

💡 창의 모서리는 가로/세로 크기를 동시에 변경할 수 있어요.

2 창의 위치도 변경해 볼까요?

❶ 마우스 포인터를 창의 **제목 표시줄**로 이동시킨 후 원하는 위치로 드래그하세요.

💡 창의 제목 표시줄을 드래그해야 위치를 이동시킬 수 있어요.

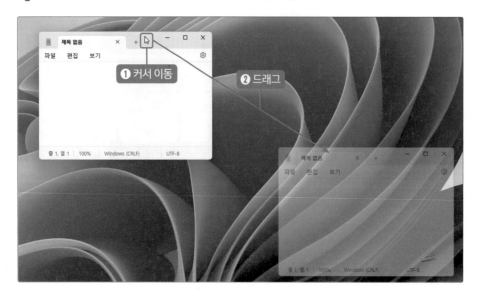

③ 창 크기 조절 단추로 창을 제어해 볼까요?

① [메모장] 창에서 <최소화(-)> 단추를 눌러 창을 숨겨보세요. 숨겨진 [메모장]은 작업 표시줄에서 [메모장] 아이콘을 클릭하면 다시 화면에 나타나요.

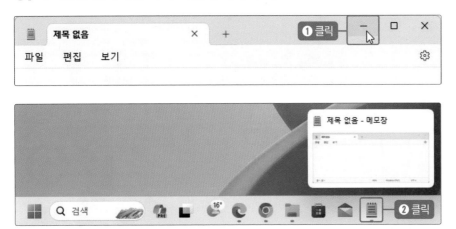

② [메모장] 창에서 <최대화(□)> 단추를 눌러 창을 화면에 꽉 채워보세요.

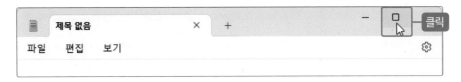

잠깐만 봐주세요!

스냅 레이아웃

윈도우 11은 최대화 단추에 마우스 포인터를 이동시키면 여러 창을 동시에 띄울 수 있도록 '스냅 레이아웃'이 나타나요!

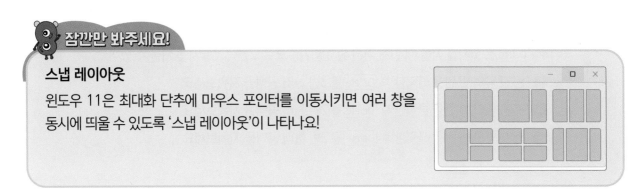

③ 전체 화면 상태인 [메모장]은 <이전 크기로 복원(❐)> 단추를 눌러 원래 창 그기로 변경해 보세요.

④ <닫기(×)> 단추를 눌러 [메모장]을 종료해 주세요.

1 몬스터 타자를 이용하여 원하는 콘텐츠로 마우스를 연습하세요.

2 특수키 Delete 를 이용하여 아래 그림처럼 수정해 보세요.

❶ [실습파일]-[특수키] 폴더에서 **딜리트(문제).hwp** 파일을 더블 클릭 하세요.

❷ Delete 는 글자를 지울 때 현재 커서 위치를 기준으로 오른쪽의 글자를 지울 수 있어요.

❸ '는'자 앞의 빈 칸을 클릭한 후 Delete 를 3번 눌러 공백을 지워보세요.

❹ '열'자 앞의 빈 칸을 클릭한 후 Delete 를 2번 눌러 공백을 지워보세요.

❺ '바'자 앞의 빈 칸을 클릭한 후 Delete 를 2번 눌러 공백을 지워보세요.

세	상	에	서		가	장		뜨	거	운		바	다	는			?			
열			바			다														

세	상	에	서		가	장		뜨	거	운		바	다	는	?					
열	바	다																		

06 창 관리하기

학 습 목 표

> ▶ 몬스터 타자를 이용하여 5단계 '자리 연습'과 '자리 익힘'을 연습해요.
> ▶ 창을 다양한 방법으로 관리할 수 있어요.

STEP 01 · 타자첫걸음

1 몬스터 타자 연습(5단계 자리 연습 및 자리 익힘)

❶ 왼손을 키보드 ⬜ ⬜ ⬜ ⬜ 위치에 오른손을 키보드 ⬜ ⬜ ⬜ ⬜ 위치에 올린 후 **5단계 왼손 아랫글쇠**와 손가락 위치를 확인해 보세요.

5단계 왼손 아랫글쇠 연습	왼손	오른손
	ㅋ ㅌ ㅊ ㅍ	

❷ 몬스터 타자를 실행하여 **5단계 [자리 연습]** 및 **[자리 익힘]**을 연습하세요.

손목 **휴식 시간!**

아래 그림에서 틀린 부분 8개를 찾아서 오른쪽 그림에 표시해 보세요.

1 창의 크기를 모니터 화면에 맞추어 변경해 볼까요?

① **[메모장]**을 실행한 후 제목 표시줄에 마우스 포인터를 이동시켜 주세요.

② **[메모장]**을 모니터 화면의 **왼쪽, 오른쪽, 위쪽, 모서리** 끝으로 드래그하여 창의 크기를 모니터 화면 크기에 맞추어 다양하게 변경해 보세요.

💡 창의 제목 표시줄을 드래그해야 위치를 이동시킬 수 있어요.

2 키보드를 이용하여 창의 크기를 변경할 수도 있어요!

① [메모장]의 제목 표시줄을 클릭하여 선택해 주세요.

② 윈도우(⊞) 키를 누른 상태에서 **방향키**(←, →, ↑, ↓)를 눌러 창의 크기를 모니터 화면 크기에 맞추어 다양하게 변경해 보세요.

③ 여러 개의 창을 정리하기

❶ 크기가 변경된 [메모장]의 제목 표시줄을 화면 가운데로 드래그하여 원래 크기로 변경한 후 **[그림판]**을 실행하세요.

💡 [시작] 메뉴 또는 검색(찾기) 칸을 이용하여 [그림판] 앱을 실행하세요.

❷ [메모장]의 제목 표시줄을 **모니터 화면 오른쪽 끝**으로 드래그한 후 왼쪽에 표시된 **[그림판]**을 클릭하여 창을 **좌-우로 배치**해주세요.

❸ <닫기(☒)> 단추를 눌러 [그림판]과 [메모장]을 종료해 주세요.

1 몬스터 타자를 이용하여 원하는 콘텐츠로 마우스를 연습하세요.

2 특수키 Enter⏎ 를 이용하여 아래 그림처럼 수정해 보세요.

❶ [실습파일]-[특수키] 폴더에서 **엔터(문제).hwp** 파일을 더블 클릭 하세요.

❷ Enter⏎ 는 글자를 입력할 때 줄을 바꿀 수 있어요.

❸ 첫 번째 줄에서 '정'을 클릭한 후 Enter⏎ 를 눌러 줄을 바꿔보세요.(커서가 '정' 뒤쪽이 아닌 바로 왼쪽에 위치)

❹ 세 번째 줄에서 '정'을 클릭한 후 Enter⏎ 를 눌러 줄을 바꿔보세요.

초	등	학	생	이		가	장		좋	아	하	는		동	네	는	?	정
답	:	방	학	동														
	세	상	에	서		가	장		뜨	거	운		바	다	는	?	정	답	:
열	바	다															

초	등	학	생	이		가	장		좋	아	하	는		동	네	는	?	
정	답	:	방	학	동													
세	상	에	서		가	장		뜨	거	운		바	다	는	?			
정	답	:	열	바	다													

07 창 전환 및 숨기기

> 몬스터 타자를 이용하여 6단계 '자리 연습'과 '자리 익힘'을 연습해요.
> 창을 다양한 방법으로 전환하고 숨길 수 있어요.

STEP 01 · 타자첫걸음

1 몬스터 타자 연습(6단계 자리 연습 및 자리 익힘)

① 왼손을 키보드 ⬚ ⬚ ⬚ ⬚ 위치에 오른손을 키보드 ⬚ ⬚ ⬚ ⬚ 위치에 올린 후 **6단계 오른손 아랫글쇠**와 손가락 위치를 확인해 보세요.

6단계 오른손 아랫글쇠 연습	왼손	오른손
		—, .

❷ 몬스터 타자를 실행하여 **6단계 [자리 연습] 및 [자리 익힘]**을 연습하세요.

아래 그림에서 숨어 있는 마린몬을 찾아보세요.

① 여러 개의 앱을 실행한 후 창을 정리해 보아요.

❶ [메모장], [워드패드], [파일 탐색기], [엣지]를 실행하세요.

💡 마이크로소프트 엣지(Edge)가 아닌 구글 크롬을 실행해도 상관없어요.

❷ [메모장]의 제목 표시줄을 **모니터 화면의 모서리 끝**으로 드래그하여 아래 그림처럼 창을 정리해 보세요.

② 다양한 방법으로 작업 창을 선택(이동)할 수 있어요!

❶ 4개의 창 중에서 원하는 창의 **제목 표시줄을 클릭**하거나, 작업 표시줄에 표시된 **아이콘을 클릭**하여 창을 선택(이동)할 수 있어요.

💡 창이 선택되면 작업 표시줄의 색상과 글자의 색상이 변경돼요.

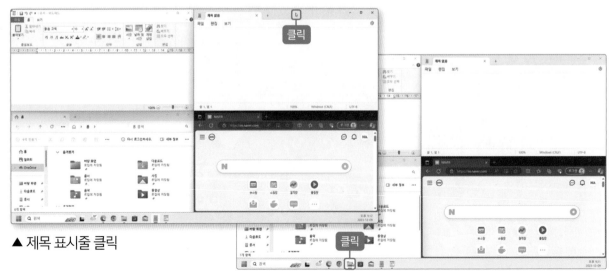

▲ 제목 표시줄 클릭

▲ 작업 표시줄 아이콘 클릭

❷ Alt 를 누른 상태에서 Tab 을 누르면 화면 중앙에서 원하는 작업 창을 선택(이동)할 수 있어요.

3 모든 창을 한 번에 최소화시키는 방법도 있어요!

❶ 작업 표시줄 오른쪽 끝의 **바탕화면 보기 단추**를 클릭하면 모든 창이 최소화되어 바탕화면이 보이고, 다시 클릭하면 원래 상태로 되돌아가요.

❷ 모든 창이 최소화된 상태에서 원하는 아이콘을 클릭하면 해당 앱만 활성화시킬 수 있어요.

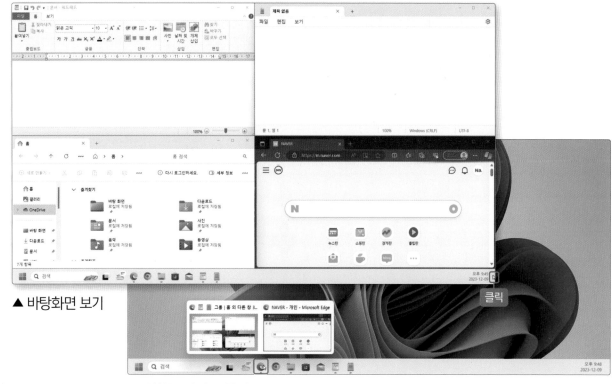

▲ 바탕화면 보기

▲ 원하는 아이콘 클릭

1 몬스터 타자를 이용하여 원하는 콘텐츠로 마우스를 연습하세요.

2 특수키 Home과 End를 이용하여 아래 그림처럼 수정해 보세요.

❶ [실습파일]-[특수키] 폴더에서 **홈-엔드(문제).hwp** 파일을 더블 클릭 하세요.

❷ Home은 커서의 위치를 해당 줄의 맨 앞쪽으로 한 번에 이동시켜요.

❸ End는 커서의 위치를 해당 줄의 맨 끝쪽으로 한 번에 이동시켜요.

❹ End를 눌러 끝쪽으로 이동한 후 '요' 글자를 지우고 점(.)을 입력하세요.

❺ Home을 눌러 앞쪽으로 이동한 후 '왕' 글자를 지우세요.

왕	개	구	리		올	챙	이		적		생	각		못		한	다	요

	개	구	리		올	챙	이		적		생	각		못		한	다	.

08 바탕화면 및 테마 변경하기

학 습 목 표

> ▷ 몬스터 타자를 이용하여 7단계 '자리 연습'과 '자리 익힘'을 연습해요.
> ▷ 바탕화면 및 테마를 다양하게 변경할 수 있어요.

STEP 01 · 타자첫걸음

① 몬스터 타자 연습(7단계 자리 연습 및 자리 익힘)

❶ 왼손을 키보드  위치에 오른손을 키보드 위치에 올린 후 **7단계 숫자 글쇠**와 손가락 위치를 확인해 보세요.

7단계 숫자 글쇠 연습	왼손	오른손
	1 2 3 4 5	6 7 8 9 0

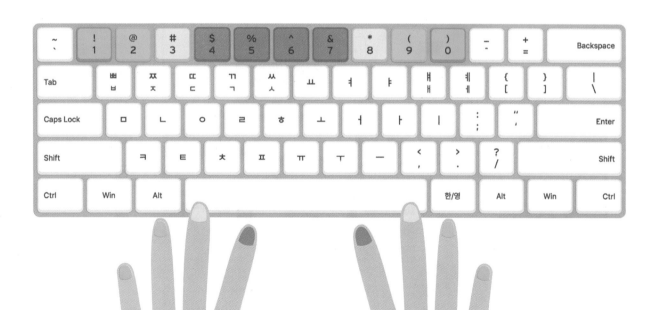

❷ 몬스터 타자를 실행하여 **7단계 [자리 연습]** 및 **[자리 익힘]**을 연습하세요.

손목 휴식 시간!

아래 그림에서 숨어 있는 그림들을 찾아보세요.

딸기
동전
시계
꽃병
전구
자물쇠
아령

① 바탕화면을 예쁘게 변경해 보아요.

❶ 아무 것도 없는 바탕화면 위에서 마우스 오른쪽 버튼을 눌러보세요. 바로 가기 메뉴가 나오면 **[개인 설정]**을 클릭하세요.

❷ **[개인 설정]** 창이 나오면 **[배경]**에서 원하는 이미지를 선택한 후 창을 닫고 바탕화면 배경을 확인해 보세요.

💡 윈도우 11은 [개인 설정] 화면에서 '배경'을 클릭한 후 원하는 이미지를 선택하세요.

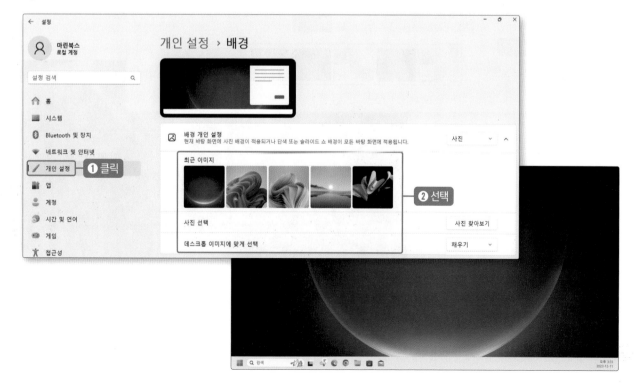

컴퓨터에 저장된 이미지로 배경 변경하기

컴퓨터에 저장된 이미지를 이용하여 배경을 변경할 경우에는 <사진 찾아보기>를 클릭한 후 원하는 이미지를 선택하세요. [실습파일]-[8차시] 폴더에 다양한 이미지가 있으니 직접 변경해 보세요.

2 나에게 맞는 테마로 변경해 보아요.

❶ 바탕화면 위에서 마우스 오른쪽 버튼을 눌러 **[개인 설정]**을 클릭하세요.

❷ **[개인 설정]** 창이 나오면 **[테마]**를 클릭해주세요. [테마] 화면으로 바뀌면 원하는 테마를 선택하여 윈도우가 어떻게 바뀌는지 확인한 후 다시 원래 테마로 변경해 주세요.

💡 [테마] 창을 닫지 않고 테마만 변경하여 확인한 후 다시 원래 테마를 선택해 주세요.

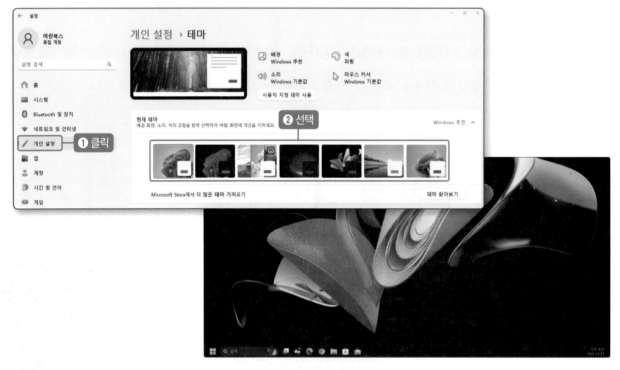

테마

테마는 배경과 다르게 '배경, 색, 소리, 마우스 커서' 등을 한 번에 변경할 수 있어요.

1 몬스터 타자를 이용하여 원하는 콘텐츠로 마우스를 연습하세요.

2 특수키 Page up 과 Page Down 를 이용하여 한 페이지씩 이동해 보세요.

> ❶ [실습파일]-[특수키] 폴더에서 **페이지업-다운(문제).hwp** 파일을 더블 클릭 하세요.
>
> ❷ Page up 은 화면에 보이는 내용을 기준으로 한 페이지씩 위쪽으로 이동시킬 수 있어요.
>
> ❸ Page Down 은 화면에 보이는 내용을 기준으로 한 페이지씩 아래쪽으로 이동시킬 수 있어요.
>
> ❹ Page Down 을 눌러 첫 번째 페이지의 문제와 정답을 확인해 보세요.
>
> ❺ Page Down 을 눌러 두 번째 페이지의 문제와 정답을 확인해 보세요.
>
> ❻ Page up 을 눌러 첫 번째 페이지의 맨 위쪽으로 커서를 이동시켜 보세요.

NO. 1

말	은		말	인	데		타	지		못	하	는		말	은	?	

NO. 2

귀	는		귀	인	데		못		듣	는		귀	는	?			

09 그림판 앱으로 색칠하기

STEP 01 · 타자첫걸음

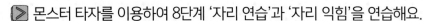

학 습 목 표

> 몬스터 타자를 이용하여 8단계 '자리 연습'과 '자리 익힘'을 연습해요.
> [그림판]을 이용하여 예쁜 그림을 그릴 수 있어요.

1 몬스터 타자 연습(8단계 자리 연습 및 자리 익힘)

① 왼손을 키보드 ㅁ ㄴ ㅇ ㄹ 위치에 오른손을 키보드 ㅗ ㅓ ㅏ ㅣ 위치에 올린 후 **8단계 왼손 쌍자음**과 손가락 위치를 확인해 보세요.

8단계 왼손 쌍자음 연습	왼손	오른손
	ㅃ ㅉ ㄸ ㄲ ㅆ	Shift

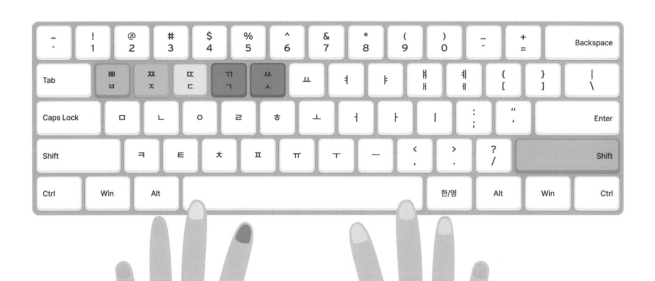

44

❷ 몬스터 타자를 실행하여 **8단계 [자리 연습]** 및 **[자리 익힘]**을 연습하세요.

 손목 휴식 시간!

아래 그림에서 틀린 부분 6개를 찾아서 오른쪽 그림에 표시해 보세요.

1 그림판 앱을 실행하여 예쁘게 색칠해 보아요.

1 [그림판]을 실행한 후 [파일]-[열기]를 클릭하세요. [열기] 대화상자가 나오면 파일 형식을 모든 파일로 변경한 후 [실습파일]-[9차시] 폴더에서 **색칠하기** 파일을 불러오세요.

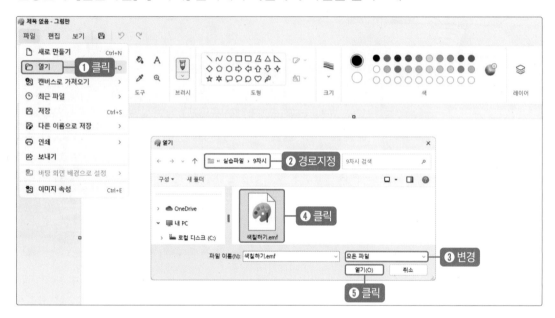

2 그림 도안이 나오면 **채우기**(🖌) 아이콘을 클릭한 후 [색]에서 원하는 색상을 선택하세요.

💡 윈도우 10은 색 채우기(🖌) 아이콘을 클릭하세요.

46

❸ 선택된 색상으로 색칠할 부분을 클릭해 보세요. 색이 채워지면 똑같은 방법으로 나머지 부분도 예쁘게 색칠해 보세요.

![잠깐만 봐주세요!]

실행 취소

색칠을 하다가 틀렸을 경우에는 [그림판] 위쪽에 실행 취소(↩) 아이콘을 클릭하거나, Ctrl + Z 를 눌러 다시 색칠하세요.

❷ 완성된 그림을 저장해 보세요.

❶ [파일]-[저장]을 클릭하세요. [다른 이름으로 저장] 대화상자가 나오면 파일 형식을 **JPEG**로 변경한 후 바탕화면에 저장하세요.

❷ 모든 창을 최소화시킨 후 바탕화면에 저장된 그림을 확인해 보세요.

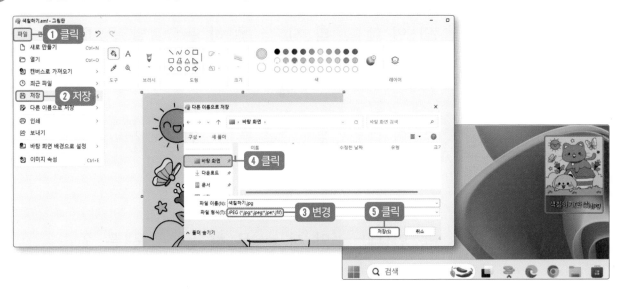

1 몬스터 타자를 이용하여 원하는 콘텐츠로 마우스를 연습하세요.

2 특수키 Alt + Page up, Alt + Page Down 을 조합하여 한 페이지씩 이동해 보세요.

❶ [실습파일]-[특수키] 폴더에서 **페이지업-다운조합(문제).hwp** 파일을 더블 클릭 하세요.

❷ Alt + Page up 은 한 페이지씩 위쪽으로 이동하되 페이지 첫 번째 글자로 커서가 이동해요.

❸ Alt + Page Down 은 한 페이지씩 아래쪽으로 이동하되 페이지 첫 번째 글자로 커서가 이동해요.

❹ Alt + Page Down 을 눌러 페이지마다 시작되는 문제 내용을 확인한 후 마우스 휠을 굴려서 아래쪽에 입력된 정답 내용을 확인하세요.

❺ 정답을 확인한 후 다시 Alt + Page Down 을 눌러 문제와 정답 내용을 확인해 보세요.

❻ 마지막 페이지에서 Alt + Page up 을 눌러 위쪽 페이지로 이동해 보세요.

NO. 1

말	은		말	인	데		타	지		못	하	는		말	은	?		

NO. 2

귀	는		귀	인	데		못		듣	는		귀	는	?		

NO. 3

묵	은		묵	인	데		먹	지		못	하	는		묵	은	?		

 10 새로운 폴더 만들기

학 습 목 표

▷ 몬스터 타자를 이용하여 9단계 자리 연습과 자리 익힘을 연습해요.
▷ 새로운 폴더를 만들고 이름을 변경할 수 있어요.

STEP 01 · 타자첫걸음

① 몬스터 타자 연습(9단계 자리 연습 및 자리 익힘)

❶ 왼손을 키보드 ㅁ ㄴ ㅇ ㄹ 위치에 오른손을 키보드 ㅓ ㅏ ㅣ ; 위치에 올린 후 **9단계 오른손 이중모음**과 손가락 위치를 확인해 보세요.

9단계 오른손 이중모음 연습	왼손	오른손
	Shift	ㅒ ㅖ

❷ 몬스터 타자를 실행하여 **9단계 [자리 연습] 및 [자리 익힘]**을 연습하세요.

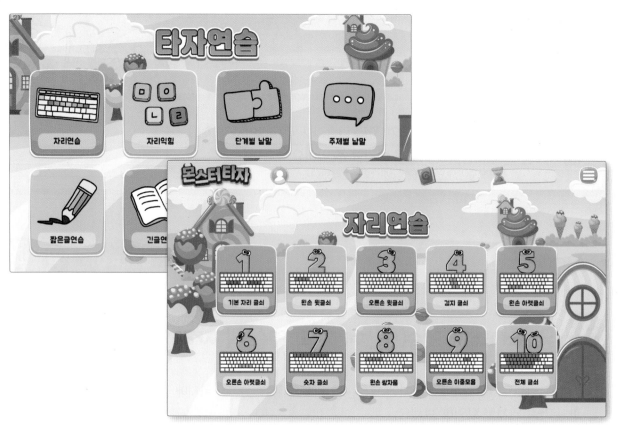

아래 그림에서 숨어 있는 마린몬을 찾아보세요.

숨은 마린몬 찾기! :
두 군데 있어요!

1 새로운 폴더를 만들어 보아요.

❶ [파일 탐색기]를 실행한 후 [실습파일]−[10차시] 폴더를 찾아 더블 클릭하세요.

❷ 폴더가 열리면 [새로 만들기]−[폴더]를 클릭한 후 Enter← 를 눌러 [새 폴더]를 만드세요.

💡 윈도우 10은 위쪽 [새로 만들기] 메뉴에서 [새 폴더]를 클릭하세요.

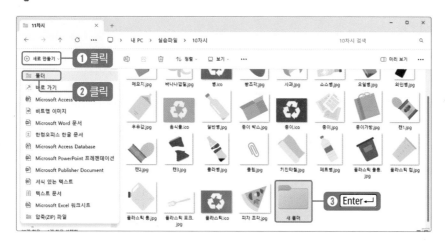

2 폴더의 이름을 바꾸어 보아요.

❶ **플라스틱** 그림을 마우스로 클릭한 후 F2 를 누르세요. 파일 이름에 파란색 음영이 나오면 Ctrl + C 를 눌러 파일 이름을 복사하세요.

🐻 잠깐만 봐주세요!

이름 변경 및 확장자

① 파일이나 폴더의 이름을 변경할 때는 F2 를 눌러 변경할 수 있어요. 파일 이름 뒤에 붙는 확장자는 파일의 종류를 구분하기 위한 것으로 마침표(.)를 찍고 알파벳(.jpg)을 붙여요.

② 확장자 종류 : .jpg(이미지), .mp3(음악), .mp4(동영상), .hwp(아래 한글), pptx(파워포인트), show(한쇼), .ico(폴더 이미지) 등

❷ 새롭게 만든 [새 폴더]를 클릭한 후 F2를 누르세요. 폴더 이름에 파란색 음영이 나오면 Ctrl + V를 눌러 복사한 이름을 붙여넣으세요.

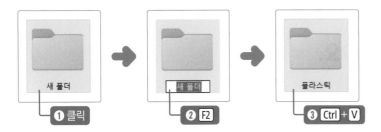

복사 및 붙여넣기 바로 가기 키
① Ctrl + C(복사) : 파일 이름, 파일, 폴더 등을 복사할 수 있어요.
② Ctrl + V(붙여넣기) : 복사한 파일 이름, 파일, 폴더 등을 원하는 곳에 붙여넣을 수 있어요.

❸ 똑같은 방법으로 아래 그림처럼 3개의 폴더를 더 만든 후 파일의 이름을 복사하여 변경해 보세요.

💡 [새 폴더]가 만들어지면 폴더 이름을 직접 입력해도 돼요!

폴라스틱   음식물   병   종이

3 파일 정보를 자세하게 확인해 보세요.

❶ [파일 탐색기] 오른쪽 아래 부분에서 **자세히(▤)** 아이콘을 누르면 폴더 및 파일에 대한 **날짜, 유형, 크기** 등의 정보를 볼 수 있어요.

💡 자세히 옆에 있는 '큰 미리 보기(□)' 아이콘을 누르면 아이콘을 크게 볼 수 있어요.

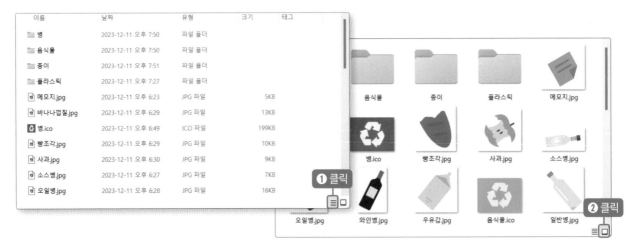

이름	날짜	유형	크기	태그
📁 병	2023-12-11 오후 7:50	파일 폴더		
📁 음식물	2023-12-11 오후 7:50	파일 폴더		
📁 종이	2023-12-11 오후 7:51	파일 폴더		
📁 폴라스틱	2023-12-11 오후 7:27	파일 폴더		
🖼 메모지.jpg	2023-12-11 오후 6:23	JPG 파일	5KB	
🖼 바나나껍질.jpg	2023-12-11 오후 6:29	JPG 파일	13KB	
🔷 병.ico	2023-12-11 오후 6:49	ICO 파일	199KB	
🖼 빵조각.jpg	2023-12-11 오후 6:29	JPG 파일	10KB	
🖼 사과.jpg	2023-12-11 오후 6:30	JPG 파일	9KB	
🖼 소스병.jpg	2023-12-11 오후 6:27	JPG 파일	7KB	
🖼 오일병.jpg	2023-12-11 오후 6:28	JPG 파일	16KB	

1 몬스터 타자를 이용하여 원하는 콘텐츠로 마우스를 연습하세요.

2 특수키 [Shift]를 이용하여 아래 그림처럼 입력해 보세요.

❶ [실습파일]-[특수키] 폴더에서 **쉬프트(문제).hwp** 파일을 더블 클릭 하세요.

❷ [Shift]는 한글은 쌍자음(ㅃㅉㄸ ㄲㅆ) 및 이중모음(ㅐㅖ), 영문은 대문자(ABC) 및 소문자(abc), 숫자키는 특수문자(^&^)를 입력할 때 함께 눌러야 해요.

❸ [Insert]를 '수정' 상태로 변경한 후 첫 번째 줄에 영어 대문자와 소문자를 입력하세요.

❹ 두 번째 줄의 '=' 다음 빈 칸을 클릭하여 한글을 입력하세요.

❺ 세 번째 줄의 앞쪽 또는 뒷쪽 빈 칸을 클릭하여 특수문자를 입력하세요.

ㅇ	+	ㅐ	=	☐		ㅇ	+	ㅔ	+	ㅅ	=	☐		ㄸ	+	ㅐ
=	☐															
☐	&	^		*	^	^	☐		☐	^	^	@		☐	)		_	☐

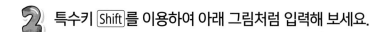

A	a	A	a	A	a	A	a		J	j	J	j	J	j	J	j
ㅇ	+	ㅐ	=	애		ㅇ	+	ㅔ	+	ㅅ	=	옛		ㄸ	+	ㅐ	=	때
^	&	^		*	^	^	*		@	^	^	@		:	)		_	_

11 폴더 모양 변경 및 파일 분류하기

학 습 목 표

▷ 몬스터 타자를 이용하여 10단계 '자리 연습'과 '자리 익힘'을 연습해요.
▷ 폴더 모양을 변경한 후 보기 쉽게 파일별을 분류시켜 보세요.

STEP 01 · 타자첫걸음

1 몬스터 타자 연습(10단계 자리 연습 및 자리 익힘)

① 왼손을 키보드 □ ㄴ ㅇ ㄹ 위치에 오른손을 키보드 ㅏ ㅣ ㅓ ㅐ 위치에 올린 후 **10단계 전체 글쇠**와 손가락 위치를 확인해 보세요.

10단계 전체 글쇠 연습	왼손	오른손
	왼손 모든 글쇠	오른손 모든 글쇠

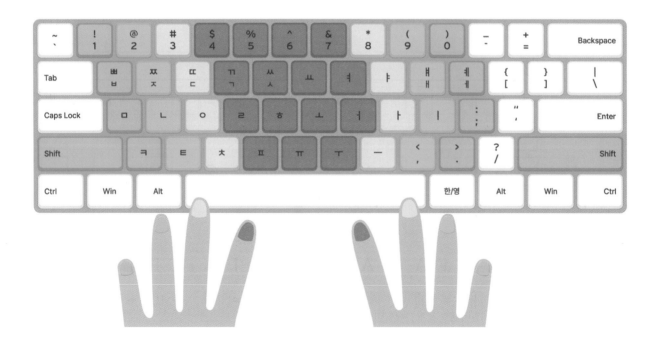

❷ 몬스터 타자를 실행하여 **10단계 [자리 연습] 및 [자리 익힘]**을 연습하세요.

손목 휴식 시간!

아래 그림에서 숨어 있는 그림들을 찾아보세요.

냄비, 밥그릇, 벙어리장갑, 소파, 양말, 집, 냉장고, 선물상자

① 폴더 모양을 변경해 보아요.

① **[파일 탐색기]**를 실행한 후 [실습파일]-[11차시] 폴더를 찾아 더블 클릭하세요.

② 폴더가 열리면 **[병]** 폴더를 선택한 후 마우스 오른쪽 버튼을 눌러 **[속성]**을 클릭하세요.

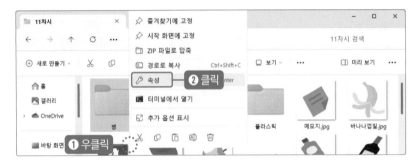

③ [병] 속성 대화상자가 나오면 **[사용자 지정]** 탭에서 **<아이콘 변경>**을 클릭하세요. [병 폴더의 아이콘 바꾸기] 대화상자가 나오면 **<찾아보기>**를 클릭하세요.

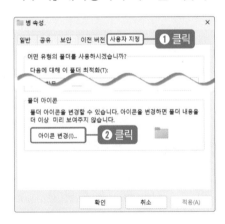
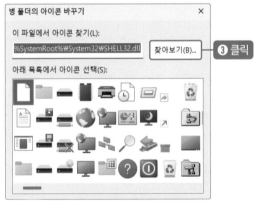

④ [병 폴더의 아이콘 바꾸기] 대화상자가 나오면 [실습파일]-[11차시] 폴더에서 **병.ico**를 선택한 후 **<열기>**를 클릭하세요.

⑤ 아이콘이 선택되면 **<확인>** → **<확인>**을 클릭하여 대화상자를 닫으세요.

⑥ 똑같은 방법으로 나머지 3개의 폴더들도 아래 그림을 참고하여 모양을 변경해 보세요.

병   음식물   종이   플라스틱

② 파일들을 관리하기 편하게 정리해 볼까요?

① 파일 및 폴더가 없는 빈 곳에서 마우스 오른쪽 버튼을 눌러 **[분류 방법]-[유형]**을 선택해 보세요. 폴더 안의 모든 파일 및 폴더들이 유형별로 분류될 거예요.

💡 마우스 오른쪽 버튼을 눌러 [분류 방법]-(없음)을 지정하면 원래 상태로 되돌아가요.

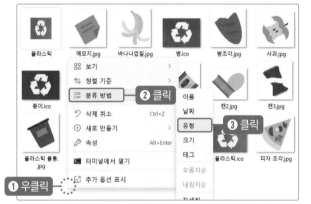

② 유형별로 분류된 상태에서 다시 마우스 오른쪽 버튼을 눌러 **[정렬 기준]-[이름]**을 선택해 보세요. 유형별로 분류된 폴더 및 파일들이 다시 이름별로 정렬될 거예요.

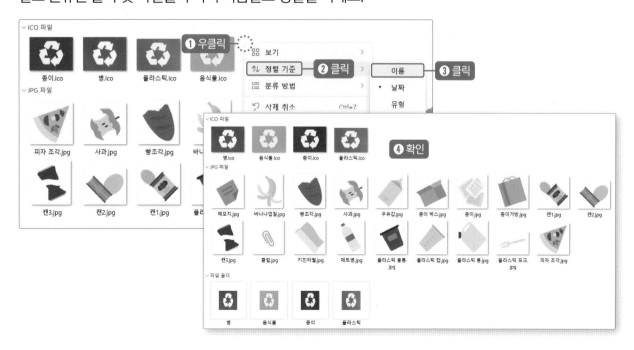

1 몬스터 타자를 이용하여 원하는 콘텐츠로 마우스를 연습하세요.

2 특수키 [한/영]을 이용하여 아래 그림처럼 입력해 보세요.

> **1** [실습파일]-[특수키] 폴더에서 **한영(문제).hwp** 파일을 더블 클릭 하세요.
>
> **2** [한/영]은 글자를 입력할 때 '한글' 또는 '영문'을 선택하여 입력할 수 있어요.
>
> **3** 한글 '나라'를 입력하고 한 칸 띄운 후 영어 'aaaa'를 입력하세요.
>
> **4** 나머지 빈 칸도 '한글'과 '영문'을 번갈아가며 입력해 보세요.

나	라	aa	aa	나	라	aa	aa	나	라	aa	aa
aa	aa	나	라	aa	aa	나	라	aa	aa	나	라

12 이만큼 배웠어요!

학 습 목 표

▶ 몬스터 타자 프로그램의 낱말팡팡을 이용하여 본인의 타자 실력을 확인해 보세요.

▶ 사지선다 문제로 컴퓨터 기본 실력을 확인해 보세요.

1 [타자게임]-[낱말팡팡]으로 타자 실력 확인하기

❶ 몬스터 타자를 이용하여 [타자게임]을 실행합니다.

❷ [낱말팡팡]을 이용하여 본인의 실력에 맞는 레벨로 타자 실력을 확인합니다.

② 컴퓨터 기본 실력 확인하기

01 다음 중 컴퓨터 기본 구성에 속하지 않는 것은 무엇일까요?

① 본체   ② 키보드   ③ 마우스   ④ 책상

02 우리의 눈을 보호하려면 모니터 화면과의 거리가 최소 얼마정도 떨어져 있어야 할까요?

① 10cm   ② 20cm   ③ 30cm   ④ 40cm

03 글자를 입력할 때 공백을 추가하는 특수키는 무엇일까요?

① Spacebar   ② Enter↵   ③ Backspace   ④ Shift

04 글자를 입력할 때 줄을 바꾸는 특수키는 무엇일까요?

① End   ② Ctrl   ③ Enter↵   ④ Home

05 다음 중 마우스 동작에 포함되지 않는 것은 무엇일까요?

① 클릭   ② 더블 클릭   ③ 양쪽 클릭   ④ 드래그

06 다음 중 창의 크기를 최소화 시키는 단추는 무엇일까요?

① ▬   ② ▢   ③ ⧉   ④ ✕

07 키보드 방향키(←, →, ↑, ↓)를 이용하여 창의 크기를 변경하기 위해서는 어떤 키를 함께 눌러야 할까요?

① Alt   ② Ctrl   ③ ⊞   ④ Shift

08 여러 개의 창이 열려 있을 경우 다른 창으로 이동하는 바로 가기 키는 무엇일까요?

① Alt + Tab   ② Ctrl + Tab   ③ Spacebar + Tab   ④ Shift + Tab

09 윈도우 기능 중에서 '배경, 색, 소리, 마우스 커서' 등을 한 번에 변경하는 기능은 무엇인가요?

① 잠금 화면   ② 테마   ③ 접근성   ④ 개인 설정

10 파일이나 폴더의 이름을 변경하는 바로 가기 키는 무엇일까요?

① F1   ② F2   ③ F3   ④ F4

13 파일을 폴더로 이동하기

> 몬스터 타자를 이용하여 단계별 낱말 '1단계'와 '2단계'를 연습하세요.
> 파일들을 폴더별로 구분하여 이동시켜 보세요.

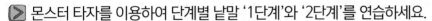

STEP 01 · 타자첫걸음

1 몬스터 타자 연습(단계별 낱말 : 1단계, 2단계)

❶ 아래 키보드 그림에서 글자가 누락된 키에 해당하는 내용(자음, 모음, 숫자, 기호, 특수키 등)을 적어보세요.

| ~ ` | ! 1 | @ 2 | # 3 | $ 4 | % 5 | ^ 6 | & 7 | * 8 | (9 |) 0 | – = | + = | Backspace |

(키보드 그림)

❷ 1_2단계 단계별 낱말을 키보드로 입력할 수 있도록 '자음, 모음, 받침'으로 풀어서 적어보세요.

미	리	➡					
거	기	➡					
어	머	니	➡				
비	빔	➡	ㅂ	ㅣ	ㅂ	ㅣ	ㅁ
나	날	이	➡				
일	자	리	➡				

❸ 몬스터 타자를 이용하여 [단계별 낱말] 1단계와 2단계를 연습하세요.

⏰ 손목 휴식 시간!

아래 그림에서 틀린 부분 7개를 찾아서 오른쪽 그림에 표시해 보세요.

1 마우스를 이용하여 쓰레기 파일을 분리수거 통으로 이동시켜 볼까요?

❶ [파일 탐색기]를 실행한 후 [실습파일]–[13차시] 폴더를 찾아 더블 클릭하세요.

❷ 아래 그림처럼 [분류 방법]을 [유형]으로 선택한 후 왼쪽 Ctrl을 누른 채 **5개의 병 이미지를 각각** 클릭하세요.

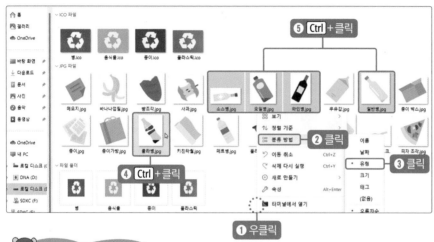

잠깐만 봐주세요!

여러 개의 파일을 동시에 선택하는 방법
① Ctrl + 클릭 : 떨어져 있는 여러 개의 파일을 동시에 선택할 수 있어요.
② Shift + 클릭 : 처음 파일을 선택한 후 Shift를 누른 채 마지막 파일을 선택하면 처음과 마지막에 포함된 연속된 여러 개의 파일을 동시에 선택할 수 있어요.

❸ 선택된 5개의 병 이미지 중에서 특정 이미지 하나를 파일 폴더 유형의 **[병] 폴더로 드래그하여 이동**시키세요.

💡 파일 선택이 해제되면 다시 5개의 병 이미지를 선택한 후 [병] 폴더로 드래그하여 이동시키세요.

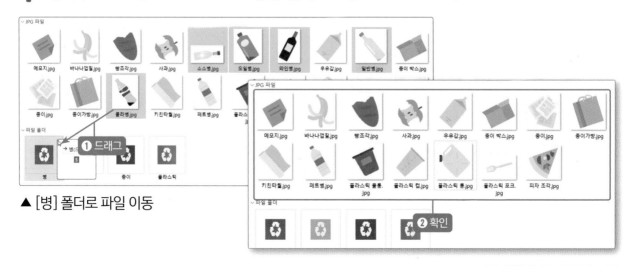

▲ [병] 폴더로 파일 이동

② 메뉴를 이용하여 쓰레기 파일을 분리수거 통으로 이동시켜 볼까요?

① 음식에 관련된 이미지 4개를 모두 선택한 후 **잘라내기(✂)** 아이콘을 클릭하세요.

② [음식물] 폴더를 더블 클릭한 후 **붙여넣기(📋)** 아이콘을 클릭하세요. 분리수거가 끝나면 뒤로(←) 단추를 눌러 [13차시] 폴더로 이동하세요.

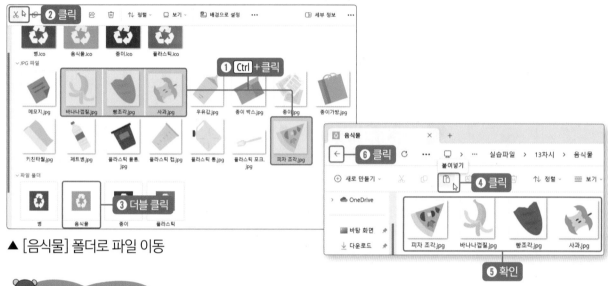

▲ [음식물] 폴더로 파일 이동

잠깐만 봐주세요!

이동 바로 가기 키

① Ctrl + X (잘라내기) : 선택된 파일을 다른 곳으로 이동할 수 있도록 잘라내요.

② Ctrl + V (붙여넣기) : 잘라낸 파일을 원하는 위치에 붙여넣을 수 있어요.

③ 남아 있는 **종이** 및 **플라스틱** 쓰레기 파일들을 분리수거 폴더로 이동시켜 보세요.

④ [병], [음식물], [종이], [플라스틱] 폴더를 더블 클릭하여 폴더 안에 들어 있는 각각의 쓰레기 파일을 확인해 보세요.

💡 현재 폴더에서 이전 폴더로 이동하기 위해서는 뒤로(←) 단추를 눌러주세요.

1 몬스터 타자를 이용하여 원하는 콘텐츠로 마우스를 연습하세요.

2 특수키 Ctrl + X 와 Ctrl + V 를 조합하여 아래 그림처럼 수정해 보세요.

❶ [실습파일]–[특수키] 폴더에서 **잘라내기-붙여넣기(문제).hwp** 파일을 더블 클릭 하세요.

❷ Ctrl + X 는 문서에서 특정 글자를 잘라낼 수 있어요.

❸ Ctrl + V 는 잘라낸 글자를 원하는 위치에 붙여넣을 수 있어요.

❹ '동해'를 마우스로 드래그(물 과 동 해)한 후 잘라내세요.

❺ '물'를 클릭한 후 잘라낸 글자를 붙여넣으세요.

❻ 똑같은 방법으로 나머지 글자도 잘라내서 올바른 위치에 붙여넣으세요.

					애	국	가						
물	과	동	해		산	이	백	두		마	르	고		닳	도	록
하	느	님	이		하	사	보	우		나	라	우	리		만	세

					애	국	가						
동	해	물	과		백	두	산	이		마	르	고		닳	도	록
하	느	님	이		보	우	하	사		우	리	나	라		만	세

14 파일을 폴더로 복사하기

▶ 몬스터 타자를 이용하여 단계별 낱말 '3단계'와 '4단계'를 연습하세요.
▶ 파일들을 폴더별로 구분하여 복사해 보세요.

STEP 01 · 타자첫걸음

1 몬스터 타자 연습(단계별 낱말 : 3단계, 4단계)

❶ 아래 키보드 그림에서 글자가 누락된 키에 해당하는 내용(자음, 모음, 숫자, 기호, 특수키 등)을 적어보세요.

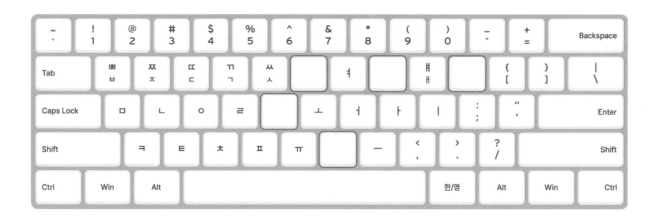

❷ 3_4단계 단계별 낱말을 키보드로 입력할 수 있도록 '자음, 모음, 받침'으로 풀어서 적어보세요.

애	기	➜								
양	념	➜	ㅇ	ㅑ	ㅇ	ㄴ	ㅕ	ㅁ		
개	나	리	➜							
고	래	➜								
귀	엣	말	➜							
노	략	질	➜							

❸ 몬스터 타자를 이용하여 [단계별 낱말] 3단계와 4단계를 연습하세요.

아래 그림에서 숨어 있는 마린몬을 찾아보세요.

숨은 마린몬 찾기! :
세 군데 있어요!

① 마우스로 주문한 초밥들을 복사하여 방으로 가져다 주세요.

① [파일 탐색기]를 실행한 후 [실습파일]-[14차시] 폴더를 찾아 더블 클릭하세요.

② 아래 그림처럼 4개의 폴더를 만든 후 [분류 방법]을 [유형]으로 선택하세요.

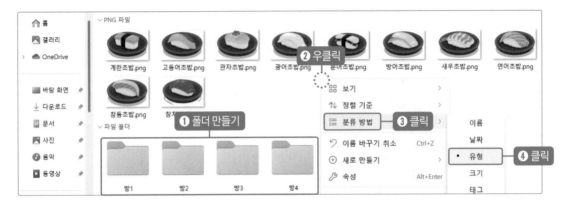

③ [방1]에서 모든 초밥을 주문했기 때문에 맨 앞쪽 초밥 이미지를 클릭한 후 Shift를 누른 채 맨 마지막 초밥 이미지를 클릭해 주세요.

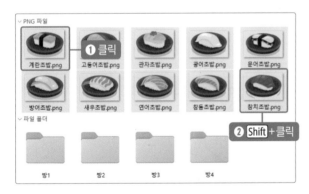

④ 주문한 초밥을 가져다주기 위해 **왼쪽 Ctrl을 누른 채** 특정 초밥 이미지 하나를 [방1] 폴더로 드래그 하세요.

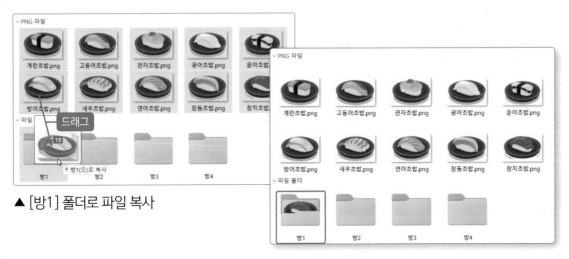

▲ [방1] 폴더로 파일 복사

❺ **[방1] 폴더를 더블 클릭**하여 주문한 모든 초밥이 있는지 확인한 후 뒤로(←) 단추를 눌러 [14차시] 폴더로 이동하세요.

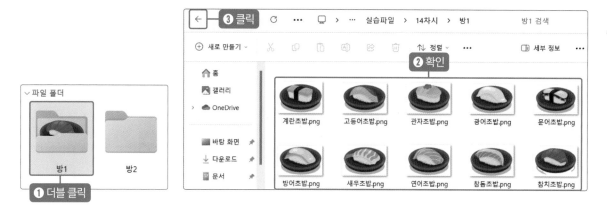

② 메뉴로 주문한 초밥들을 복사하여 방으로 가져다 주세요.

❶ [방2]에서 주문한 초밥 5개를 각각 선택한 후 **복사하기(⧉) 아이콘**을 클릭하세요.

💡 왼쪽 Ctrl 을 누른 채 파일을 클릭하면 여러 개의 파일을 동시에 선택할 수 있어요.

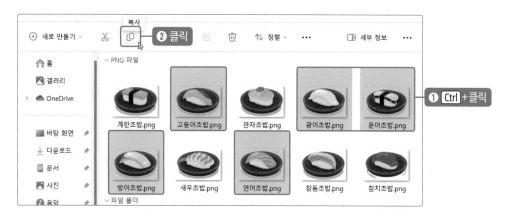

❷ [방2] 폴더를 더블 클릭한 후 **붙여넣기(⧉) 아이콘**을 클릭하세요.

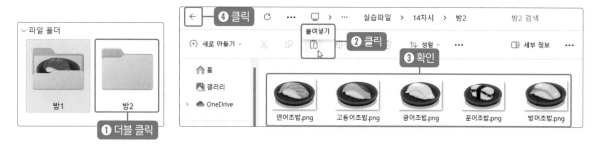

❸ [방3] 폴더에는 **초밥 4개** [방4] 폴더에는 **초밥 6개**를 가져다 주세요.

1 몬스터 타자를 이용하여 원하는 콘텐츠로 마우스를 연습하세요.

2 특수키 `Ctrl`+`C`와 `Ctrl`+`V`를 조합하여 아래 그림처럼 수정해 보세요.

❶ [실습파일]-[특수키] 폴더에서 **복사-붙여넣기(문제).hwp** 파일을 더블 클릭 하세요.

❷ `Ctrl`+`C`는 문서에서 특정 글자를 복사할 수 있어요.

❸ `Ctrl`+`V`는 복사한 글자를 원하는 위치에 붙여넣을 수 있어요.

❹ 문서 맨 아래쪽 4개의 이름 중에서 원하는 이름을 마우스로 드래그하여 복사하세요.

뽀 삐	탄 이	뭉 치	하 하	똘 이

❺ '야'를 클릭한 후 복사한 글자를 붙여넣으세요.

❻ '는'을 클릭한 후 복사한 글자를 붙여넣으세요.

우 리 집	강 아 지	이 름 은	야 .	는	매 우	
귀 엽 게	생 겼 고	나 이 는	2	살 이 야		

우 리 집	강 아 지	이 름 은	탄 이 야 .	탄 이 는
매 우	귀 엽 게	생 겼 고	나 이 는	2 살 이 야

15 숨어 있는 파일 찾기

학 습 목 표

> 몬스터 타자를 이용하여 단계별 낱말 '5단계'와 '6단계'를 연습하세요.
> 컴퓨터 속에 숨어 있는 파일들을 찾아보세요.

STEP 01 · 타자첫걸음

① 몬스터 타자 연습(단계별 낱말 : 5단계, 6단계)

① 아래 키보드 그림에서 글자가 누락된 키에 해당하는 내용(자음, 모음, 숫자, 기호, 특수키 등)을 적어보세요.

② 5_6단계 단계별 낱말을 키보드로 입력할 수 있도록 '자음, 모음, 받침'으로 풀어서 적어보세요.

키	티	➡							
철	판	➡							
탄	탄	면	➡						
풍	습	➡							
푸	들	➡							
파	드	득	➡						

❸ 몬스터 타자를 이용하여 **[단계별 낱말] 5단계**와 **6단계**를 연습하세요.

손목 휴식 시간!

아래 그림에서 숨어 있는 그림들을 찾아보세요.

- 샤워헤드
- 알람시계
- 마우스
- 밀대
- 스탠드
- 당근
- 테이블
- 주전자
- 옷걸이

① 숨어 있는 파일을 찾아서 실행해 보세요.

❶ [파일 탐색기]를 실행한 후 [실습파일]–[15차시] 폴더를 찾아 더블 클릭하세요.

❷ [파일 탐색기] 우측 검색 칸(15차시 검색 🔍)에 **별**을 입력한 후 Enter↵를 누르세요.

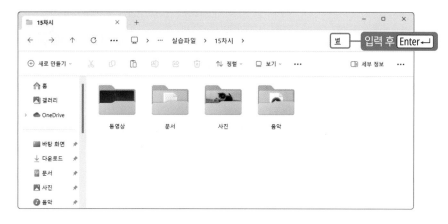

❸ 폴더 안에 숨어 있던 **별.mp4** 파일이 검색되어 나오면 해당 파일을 더블 클릭하여 동영상을 실행해 보세요.

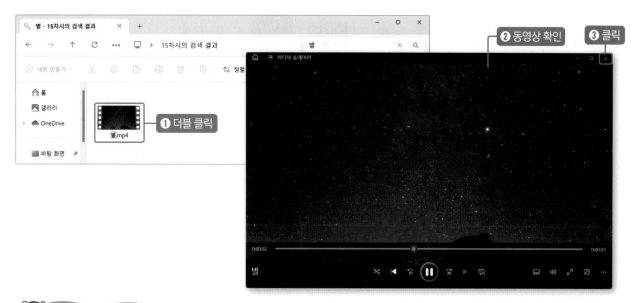

잠깐만 봐주세요!

동영상 파일 실행

① **미디어 플레이어** : 윈도우를 설치하면 동영상 파일을 재생할 수 있도록 [미디어 플레이어] 앱이 함께 설치되어 있어요.

② **곰플레이어** : 곰랩에서 개발한 동영상 재생 프로그램으로 무료로 사용할 수 있어요.

④ 똑같은 방법으로 검색 칸을 이용하여 숨어있는 아래 파일들을 찾아보세요.
  – 숨어 있는 파일 찾기 : 주소, 라면, 작품, 방꾸미기, 분리수거

💡 현재 폴더에서 이전 폴더로 이동하기 위해서는 뒤로(←) 단추를 눌러주세요.

② 종류별로 파일을 검색하여 찾아볼까요?

① 검색 칸에 ***.jpg**를 입력한 후 Enter↵를 누르세요. 확장자가 JPG인 이미지 파일들만 검색되어 나오면 특정 사진 파일을 더블 클릭해 보세요.

💡 사진 파일을 더블 클릭하면 [사진] 앱이 실행되어 크게 볼 수 있어요.

잠깐만 봐주세요!

*.jpg
확장자가 jpg인 모든 파일을 검색하라는 뜻이에요. 만약 *.mp4를 입력하여 검색하면 확장자가 mp4인 동영상 파일만 검색되어 나올 거예요.

② 검색 칸에 ***.mp3**를 입력한 후 Enter↵를 누르세요. 확장자가 mp3인 음악 파일들만 검색되어 나오면 특정 음악 파일을 더블 클릭해 보세요.

💡 음악 파일을 더블 클릭하면 [미디어 플레이어] 앱이 실행되어 음악을 들을 수 있어요.

1 몬스터 타자를 이용하여 원하는 콘텐츠로 마우스를 연습하세요.

2 특수키 Caps Lock 을 이용하여 아래 그림처럼 입력해 보세요.

❶ [실습파일]-[특수키] 폴더에서 **캡스락(문제).hwp** 파일을 더블 클릭 하세요.

❷ Caps Lock 은 영문을 입력할 때 '대문자' 또는 '소문자'를 선택하여 연속으로 입력할 수 있어요.

❸ 한/영 을 이용하여 '영문' 입력 상태로 변경하세요.

❹ 대문자 AAAA를 입력하고 한 칸 띄운 후 소문자 aaaa를 입력하세요.

❺ 나머지 빈 칸도 영어 대문자와 소문자를 번갈아가며 입력해 보세요.

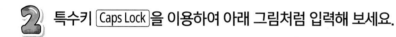

| A | A | A | A | | aa | aa | | S | S | S | S | | s | s | s | | | |
| D | D | D | D | | dd | dd | | F | F | F | F | | ff | ff | | | | |

16 파일 삭제 및 복원하기

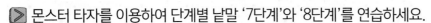

> 몬스터 타자를 이용하여 단계별 낱말 '7단계'와 '8단계'를 연습하세요.
> 필요 없는 파일은 삭제하고 실수로 삭제한 파일은 원래 위치로 복원시켜보세요.

STEP 01 · 타자첫걸음

1 몬스터 타자 연습(단계별 낱말 : 7단계, 8단계)

❶ 아래 키보드 그림에서 글자가 누락된 키에 해당하는 내용(자음, 모음, 숫자, 기호, 특수키 등)을 적어보세요.

❷ 7_8단계 단계별 낱말을 키보드로 입력할 수 있도록 '숫자, 자음, 모음, 받침'으로 풀어서 적어보세요.

1	일	➡						
12	월	➡	1	2	ㅇ	ㅜ	ㅓ	ㄹ
20	24	년	➡					
깎	다	➡						
뼈	찜	➡						
왕	뚜	껑	➡					

76

❸ 몬스터 타자를 이용하여 **[단계별 낱말]** 7단계와 8단계를 연습하세요.

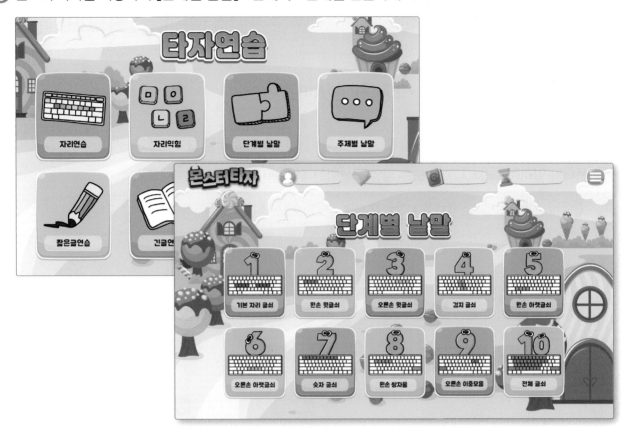

손목 휴식 시간!

아래 그림에서 틀린 부분 6개를 찾아서 오른쪽 그림에 표시해 보세요.

① 필요 없는 파일을 삭제해 보세요.

❶ **[파일 탐색기]**를 실행한 후 [실습파일]–[16차시] 폴더를 찾아 더블 클릭하세요.

❷ 폴더가 열리면 `Ctrl`+`A` 눌러 모든 파일을 선택한 후 `Delete`를 눌러 삭제하세요.

💡 `Ctrl`+`A`를 누르면 모든 폴더 및 파일을 한 번에 선택할 수 있어요.

❸ 작업 표시줄 오른쪽 끝에 있는 바탕화면 보기 단추를 눌러 휴지통 모양을 확인해 보세요.

🐭 잠깐만 봐주세요!

휴지통

파일을 삭제하면 컴퓨터에서 완전히 삭제되는 것이 아니라 일단 [휴지통]으로 옮겨져요. 휴지통에 삭제된 파일이 있는 경우에는 휴지통이 모양이 채워진 모양으로 나타나요.

② 실수로 삭제한 파일을 복구해 보세요.

❶ [휴지통]을 더블 클릭하여 삭제된 파일들을 확인해 보세요. 삭제한 파일 중에서 실수로 삭제한 **과제물** 파일을 선택한 후 마우스 오른쪽 버튼을 눌러 **[복원]**을 선택하세요.

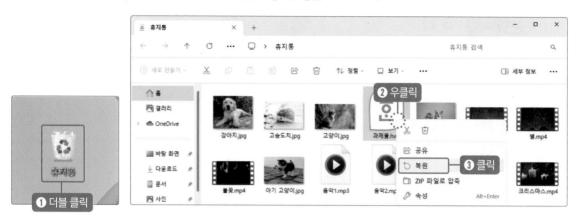

❷ [실습파일]–[16차시] 폴더에서 **과제물** 파일이 복원된 것을 확인해 보세요.

❸ 더이상 복구할 파일이 없는 경우에는 [휴지통]을 선택한 후 마우스 오른쪽 버튼을 눌러 **[휴지통 비우기]** 를 클릭하세요.

❹ 완전히 삭제한다는 메시지가 나오면 <예>를 클릭하세요.

💡 휴지통 비우기를 실행하면 파일을 복원할 수 없기 때문에 중요한 파일이 삭제되었는지 꼭 확인하세요.

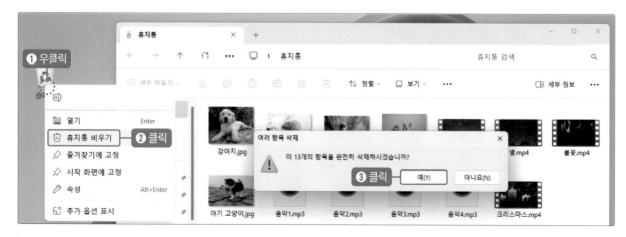

1 몬스터 타자를 이용하여 원하는 콘텐츠로 마우스를 연습하세요.

2 특수키 [한자]을 이용하여 아래 그림처럼 수정해 보세요.

> ❶ [실습파일]-[특수키] 폴더에서 **한자(문제).hwp** 파일을 더블 클릭 하세요.
>
> ❷ [한자]는 한글을 입력한 후 해당 키를 누르면 원하는 한자를 선택하여 입력할 수 있어요.
>
> ❸ '한국' 앞 빈 칸을 클릭한 후 [한자]를 누르세요.
>
> ❹ [한자로 바꾸기] 대화상자가 나오면 맞는 한자를 선택하고 입력 형식(한글(漢字))을 지정한 후 <바꾸기>를 누르세요.
>
> ❺ 똑같은 방법으로 나머지 단어들도 한자로 변환시켜 보세요.

한	국		미	국									
학	교		공	부									
고	진	감	래										

⬇

한	국	(	韓	國	)		미	국	(	美	國	)	
학	교	(	學	校	)		공	부	(	工	夫	)	
고	진	감	래	(	苦	盡	甘	來	)				

17 파일 압축 및 압축 풀기

학 습 목 표

> 몬스터 타자를 이용하여 단계별 낱말 '9단계'와 '10단계'를 연습하세요.
> 많은 파일들을 압축하여 하나의 파일로 관리해 보세요.

STEP 01 · 타자첫걸음

1 몬스터 타자 연습(단계별 낱말 : 9단계, 10단계)

❶ 아래 키보드 그림에서 글자가 누락된 키에 해당하는 내용(자음, 모음, 숫자, 기호, 특수키 등)을 적어보세요.

❷ 9_10단계 단계별 낱말을 키보드로 입력할 수 있도록 '자음, 모음, 받침'으로 풀어서 적어보세요.

얘	기	➡						
예	림	➡						
옛	날	집	➡					
9	단	계	➡					
우	유	➡						
떡	볶	이	➡					

❸ 몬스터 타자를 이용하여 [단계별 낱말] 9단계와 10단계를 연습하세요.

아래 그림에서 숨어 있는 마린몬을 찾아보세요.

숨은 마린몬 찾기! :
세 군데 있어요!

1 많은 파일들을 압축해서 하나의 파일로 관리할 수 있어요.

① [파일 탐색기]를 실행한 후 [실습파일]–[17차시] 폴더를 찾아 더블 클릭하세요.

② 폴더가 열리면 모든 동물 사진들을 선택한 후 마우스 오른쪽 버튼을 눌러 **[ZIP 파일로 압축]**을 클릭하세요.

💡 윈도우10은 [보내기]–[압축(zip) 폴더]를 클릭해 주세요.

③ 파일이 압축되면 파일 이름을 **동물사진**으로 입력한 후 **[백업]** 폴더로 이동시켜 주세요.

🐹 **잠깐만 봐주세요!**

압축 파일(.zip)
압축 파일은 다른 파일들과 구분하기 위해 확장자가 .zip로 되어 있어요. 압축 기능은 용량이 큰 자료를 보관(백업)하거나 이메일 또는 카톡 등으로 전송할 때 많이 사용해요.

② 압축 파일을 원하는 위치에서 압축을 풀 수 있어요.

❶ [백업] 폴더를 더블 클릭 하세요. **동물사진.zip** 파일을 선택한 후 마우스 오른쪽 버튼을 눌러 **[압축 풀기]**를 클릭하세요.

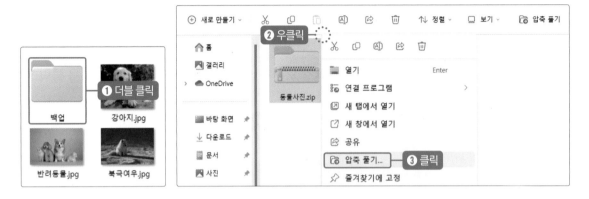

❷ [압축(Zip) 폴더 풀기] 대화상자가 나오면 **<압축 풀기>**를 클릭하세요.

💡 압축을 풀 경로를 바꾸고 싶다면 <찾아보기>를 클릭하여 변경할 수 있어요.

❸ 압축이 해제되면 [동물사진] 폴더 안에 압축했던 사진들이 그대로 들어있어요.

🐹 잠깐만 봐주세요!

압축 풀기
압축 풀기를 실행한 후에도 원본 압축 파일은 항상 그대로 남아 있기 때문에 필요할 때마다 언제든지 압축을 해제하여 사용할 수 있어요.

1 몬스터 타자를 이용하여 원하는 콘텐츠로 마우스를 연습하세요.

2 특수키 Esc 를 이용하여 명령을 취소해 보세요.

❶ [실습파일]-[특수키] 폴더에서 **이에스씨(문제).hwp** 파일을 더블 클릭 하세요.

❷ Esc 는 작업 도중에 특정 명령을 취소할 수 있어요.

❸ '한자' 앞 빈 칸을 클릭한 후 한자 를 누르세요. [한자로 바꾸기] 대화상자가 나오면 Esc 눌러 취소해 보세요.

❹ 스타일 앞 빈 칸에서 F6 을 누르세요. [스타일] 대화상자가 나오면 취소해 보세요.

❺ 글자모양 앞 빈 칸에서 Alt + L 을 누르세요. [글자 모양] 대화상자가 나오면 취소해 보세요.

❻ 문단모양 앞 빈 칸에서 Alt + T 를 누르세요. [문단 모양] 대화상자가 나오면 취소해 보세요.

한	자					스	타	일				
글	자	모	양			문	단	모	양			

18 앱 설치 및 삭제하기

학 습 목 표

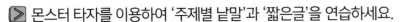

- 몬스터 타자를 이용하여 '주제별 낱말'과 '짧은글'을 연습하세요.
- 컴퓨터에 앱을 설치하거나 삭제할 수 있어요.

STEP 01 · 타자첫걸음

1 몬스터 타자 연습(주제별 낱말, 짧은글 연습)

❶ 아래 키보드 그림에서 글자가 누락된 키에 해당하는 내용(자음, 모음, 숫자, 기호, 특수키 등)을 적어보세요.

❷ 주제별 낱말을 키보드로 입력할 수 있도록 '자음, 모음, 받침'으로 풀어서 적어보세요.

물	개	➜						
돼	지	➜						
다	람	쥐	➜					
퓨	마	➜						
펭	귄	➜						
도	롱	뇽	➜					

❸ 몬스터 타자를 이용하여 **[주제별 낱말]** 및 **[짧은글 연습]**을 연습하세요.

손목 휴식 시간!

아래 그림에서 숨어 있는 그림들을 찾아보세요.

와이파이, 옷핀, 홍당무, 농구공, 세탁기, 물뿌리개

① 컴퓨터에 필요한 앱을 설치할 수 있어요.

❶ [파일 탐색기]를 실행한 후 [실습파일]-[18차시] 폴더를 찾아 더블 클릭하세요.

❷ 폴더가 열리면 **꿀뷰.EXE** 파일을 더블 클릭하여 설치하세요.

💡 꿀뷰는 이미지를 보는 앱으로 반디소프트에서 개발한 안전한 소프트웨어예요.

❸ 이 앱이 디바이스를 변경할 수 있도록 허용하시겠어요?라는 창이 나오면 **<예>**를 클릭하세요.

❹ [꿀뷰 설치] 창이 나오면 '쿠팡 바로가기 설치하기'를 해제한 후 **<설치>**를 클릭하세요.

❺ 설치가 완료되어 [꿀뷰]가 실행되면 [18차시] 폴더에서 **강아지 사진을 꿀뷰 화면으로 드래그** 하세요.
꿀뷰로 각각의 사진들을 확인한 후 앱을 종료하세요.

💡 아래쪽 좌-우 이동 단추(◀▶)를 누르면 다른 이미지를 볼 수 있어요.

② 사용하지 않는 앱은 삭제할 수 있어요.

❶ [시작] 메뉴에서 톱니바퀴 모양의 **[설정]**을 클릭하세요. [설정] 창이 열리면 **[앱]-[설치된 앱]**을 클릭하세요.

💡 윈도우10은 [설정] 창이 열리면 [앱]을 클릭하세요.

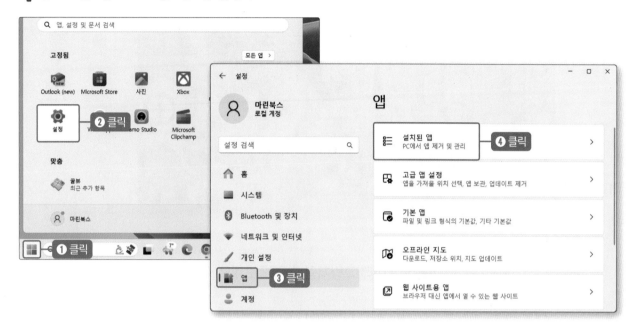

❷ 설치된 앱 목록이 나오면 정렬 기준을 **설치 날짜**로 변경하세요. 목록에 [꿀뷰] 앱이 보이면 ⋯를 눌러 **<제거>-<제거>**를 클릭하여 앱을 삭제하세요.

💡 윈도우10은 목록에서 앱을 클릭하면 바로 <수정> 및 <제거> 단추가 나와요.

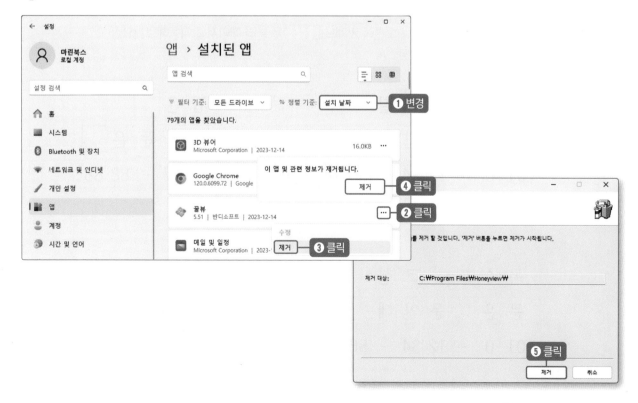

1 몬스터 타자를 이용하여 원하는 콘텐츠로 마우스를 연습하세요.

2 특수키 [Num Lock]을 이용하여 아래 그림처럼 수정해 보세요.

❶ [실습파일]-[특수키] 폴더에서 **넘락(문제).hwp** 파일을 더블 클릭 하세요.

❷ [Num Lock]을 눌러 키보드 우측 상단에 불이 켜지면 오른쪽 키패드는 '숫자'를 입력할 수 있으며, 다시 눌러 불이 꺼지면 '방향키'로 사용할 수 있어요.

❸ [Num Lock]이 꺼진 상태로 오른쪽 키패드([@ 2], [$ 4], [^ 6], [8])을 눌러 커서를 이동한 후 '?'를 입력하세요.

❹ [Num Lock]이 켜진 상태로 오른쪽 키패드를 이용하여 핸드폰 번호를 입력해 보세요.

❺ [Num Lock]이 꺼진 상태로 오른쪽 키패드([9], [# 3])을 눌러 페이지를 이동해보세요.

목	수	도		고	칠		수		없	는		집	은	□		
문	은		문	인	데		달	지		못	하	는		문	은	□
01	0	-	12	34	-	56	78		01	0	-	77	77	-	88	88

목	수	도		고	칠		수		없	는		집	은	?		
문	은		문	인	데		달	지		못	하	는		문	은	?
01	0	-	12	34	-	56	78		01	0	-	77	77	-	88	88

19 스티커 메모 및 이모지 사용하기

학 습 목 표

> 몬스터 타자를 이용하여 '주제별 낱말'과 '짧은글'을 연습하세요.
> 스티커 메모를 이용하여 메모를 기록하고 이모지로 예쁘게 꾸며보아요.

STEP 01 · 타자첫걸음

1 몬스터 타자 연습(주제별 낱말, 짧은글 연습)

❶ 아래 키보드 그림에서 글자가 누락된 키에 해당하는 내용(자음, 모음, 숫자, 기호, 특수키 등)을 적어보세요.

❷ 주제별 낱말을 키보드로 입력할 수 있도록 '자음, 모음, 받침'으로 풀어서 적어보세요.

그	릇	➜				
바	퀴	➜				
카	펫	트	➜			
성	냥	➜				
팔	찌	➜				
온	도	계	➜			

❸ 몬스터 타자를 이용하여 **[주제별 낱말]** 및 **[짧은글 연습]**을 연습하세요.

손목 휴식 시간!

아래 그림에서 틀린 부분 7개를 찾아서 오른쪽 그림에 표시해 보세요.

① [스티커 메모]를 이용하여 간단한 메모를 입력해 보세요.

❶ [시작] 메뉴 옆 검색 칸에 **스티커 메모**를 입력한 후 Enter↵를 눌러보세요.

❷ [스티커 메모]가 실행되면 노란색 메모지에 간단하게 내용을 입력해 보세요.

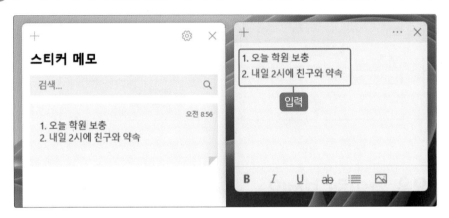

잠깐만 봐주세요!

스티커 메모

① **새 메모** : 새로운 메모지를 추가할 수 있어요.

② **메뉴** : 메모지 색상을 변경하거나 메모지를 삭제할 수 있어요.

③ 글자를 편집(굵게, 기울임꼴, 밑줄, 취소선, 글머리 기호)하거나 이미지를 추가할 수 있어요.

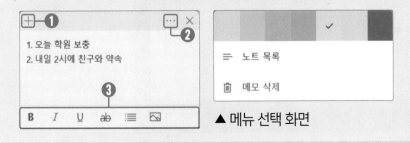

▲ 메뉴 선택 화면

② 귀여운 이모티콘을 이용해서 메모 내용을 입력해 볼까요?

❶ ⊞를 누른 채 마침표(.)를 누르세요. 이모지 패널이 열리면 **이모지(☺)** 아이콘을 클릭한 후 원하는 이모지를 메모지에 넣으세요.

💡 윈도우 10은 별도 선택 없이 바로 이모지 화면이 나올 거예요.

 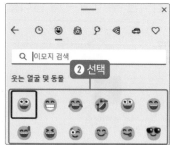 

❷ ⊞를 누른 채 **마침표(.)**를 누르세요. 이모지 패널이 열리면 **kaomoji(·ᴗ·)** 아이콘을 클릭한 후 원하는 kaomoji를 메모지에 넣으세요.

 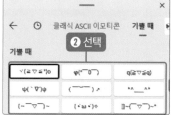 

③ 저장된 메모 내용을 확인해 보세요.

❶ 새 메모를 추가하여 내용을 입력한 후 모든 스티커 메모를 닫으세요.

❷ [스티커 메모]를 다시 실행하여 입력했었던 메모 내용이 잘 나오는지 확인해 보세요.

💡 스티커 메모는 새로운 내용을 입력하거나 추가해도 항상 자동으로 저장돼요~

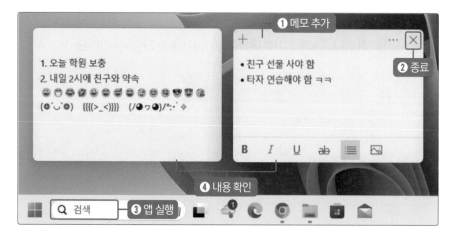

1 몬스터 타자를 이용하여 원하는 콘텐츠로 마우스를 연습하세요.

2 특수키 한자 와 자음(ㅁㄴㅇㄹ)을 이용하여 아래 그림처럼 수정해 보세요.

❶ [실습파일]-[특수키] 폴더에서 **자음_한자(문제).hwp** 파일을 더블 클릭 하세요.

❷ '자음(ㅁㄴㅇㄹ)'을 입력한 후 한자 를 누르면 특수 문자를 입력할 수 있어요.

❸ Insert 를 '삽입' 상태로 설정하세요.

❹ '문'을 클릭한 후 'ㅁ'을 입력하고 한자 를 눌러 특수 문자를 입력하세요.

❺ '쪽'을 클릭한 후 'ㅇ'을 입력하고 한자 를 눌러 특수 문자를 입력하세요.

❻ 대문, 옆문, 소문도 똑같은 방법으로 특수 문자를 입력하세요.

문	은		문	인	데		닫	지		못	하	는		문	은	?	
쪽	문		대	문		옆	문		소	문							

☞	문	은		문	인	데		닫	지		못	하	는		문	은	?
①	쪽	문		②	대	문		③	옆	문		④	소	문			

20. 원하는 이미지 캡처하기

학 습 목 표

> ▷ 몬스터 타자를 이용하여 '주제별 낱말'과 '짧은글'을 연습하세요.
> ▷ 원하는 이미지를 캡처한 후 저장해 보아요.

STEP 01 · 타자첫걸음

1 몬스터 타자 연습(주제별 낱말, 짧은글 연습)

❶ 아래 키보드 그림에서 글자가 누락된 키에 해당하는 내용(자음, 모음, 숫자, 기호, 특수키 등)을 적어보세요.

❷ 주제별 낱말을 키보드로 입력할 수 있도록 '자음, 모음, 받침'으로 풀어서 적어보세요.

깻	잎	➡	
도	넛	➡	
닭	갈	비	➡
짬	뽕	➡	
팥	죽	➡	
아	귀	찜	➡

❸ 몬스터 타자를 이용하여 [주제별 낱말] 및 [짧은글 연습]을 연습하세요.

⏰ 손목 휴식 시간!

아래 그림에서 숨어 있는 마린몬을 찾아보세요.

① [캡처 도구]를 실행하여 원하는 이미지를 캡처해 보세요.

① 크롬(◎)을 실행하여 검색 칸에 **필통**을 입력한 후 Enter↵를 누르세요.

② 필통이 검색되어 나오면 **[이미지]**를 클릭하여 여러 가지 필통 이미지를 확인하세요.

💡 크롬이 설치되지 않은 경우 엣지를 이용하여 검색하세요.

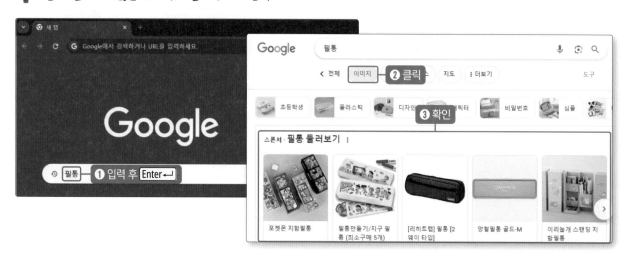

③ 이미지를 캡처하기 위해 ⊞+Shift를 동시에 누른 상태에서 S를 누르세요. 화면이 약간 어둡게 변하면 **마우스로 드래그하여 캡처할 영역을 지정**하세요.

💡 필통 이미지는 교재와 상관없이 원하는 디자인을 캡처하세요.

잠깐만 봐주세요!

캡처 영역 지정
① : 사각형 형태로 화면을 캡처할 수 있어요.
② : 원하는 형태로 화면을 캡처할 수 있어요.
③ : 창(창 모드)을 기준으로 캡처할 수 있어요.
④ : 모니터에 보이는 전체 화면을 캡처할 수 있어요.
⑤ : 캡처 취소

② 캡처한 이미지를 바탕화면에 저장해 보세요.

❶ 화면 우측 아래에 캡처한 이미지가 나오면 해당 창을 클릭하세요. [캡처 도구] 창이 활성화되면 **저장(💾)**
아이콘을 클릭하세요.

💡 캡처한 창이 닫혔을 경우 작업 표시줄 우측 끝에 있는 알림(🔊 📶 오후 5:59 2024-01-18 🔔)을 클릭하세요.

❷ [다른 이름으로 저장] 대화상자가 나오면 저장 경로를 **바탕화면**으로 지정하고 파일 이름(**필통**)을 입력한
후 **<저장>**을 클릭하세요.

❸ 열려 있는 모든 창을 닫고 바탕화면에 저장된 필통 이미지를 확인해 보세요.

🐗 잠깐만 봐주세요!

캡처 후 바로 붙여넣기
이미지를 캡처한 후 파일로 저장하지 않고 원하는 곳에 바로 붙여넣을 수도 있
어요. 이미지 캡처 후 [그림판], [스티커 메모] 등을 실행하여 Ctrl + V 를 누르면
캡처한 이미지가 삽입돼요.

1 몬스터 타자를 이용하여 원하는 콘텐츠로 마우스를 연습하세요.

2 특수키 Ctrl + Z 를 이용하여 이전 작업으로 되돌려 보세요.

❶ [실습파일]–[특수키] 폴더에서 **실행취소(문제).hwp** 파일을 더블 클릭 하세요.

❷ Ctrl + Z 는 방금 했던 작업을 취소하고 이전 작업으로 되돌아갈 수 있어요.

❸ 두 번째 줄 정답 칸에 오답인 '방이동'이라고 입력하세요.

❹ Ctrl + Z 를 눌러 실행(입력)을 취소한 후 '방학동'이라고 다시 입력하세요.

❺ 네 번째 줄 정답 칸에 오답인 '차바다'라고 입력하세요.

❻ Ctrl + Z 를 눌러 실행(입력)을 취소한 후 '열바다'로 다시 입력하세요.

❼ Ctrl + A 를 눌러 모든 내용을 선택한 후 Delete 로 삭제하세요.

❽ Ctrl + Z 를 눌러 삭제되었던 모든 내용을 복구시키세요.

초	등	학	생	이		가	장		좋	아	하	는		동	네	는	?
정	답	:															
세	상	에	서		가	장		뜨	거	운		바	다	는	?		
정	답	:															

21 인터넷으로 진로흥미탐색하기

> ▷ 몬스터 타자를 이용하여 '주제별 낱말'과 '짧은글'을 연습하세요.
> ▷ 인터넷을 이용하여 저학년을 위한 진로 탐색을 체험해 보아요.

STEP 01 · 타자첫걸음

1 몬스터 타자 연습(주제별 낱말, 짧은글 연습)

① 아래 키보드 그림에서 글자가 누락된 키에 해당하는 내용(자음, 모음, 숫자, 기호, 특수키 등)을 적어보세요.

② 주제별 낱말을 키보드로 입력할 수 있도록 '자음, 모음, 받침'으로 풀어서 적어보세요.

로	봇	➜					
드	론	➜					
핀	테	크	➜				
가	상	➜					
코	딩	➜					
스	마	트	➜				

❸ 몬스터 타자를 이용하여 [주제별 낱말] 및 [짧은글 연습]을 연습하세요.

손목 휴식 시간!

아래 그림에서 숨어 있는 그림들을 찾아보세요.

쓰레기통, 꼬치구이, 세면대, 우유, 믹서기, 하드, 컵케이크, 서랍장, 의자

❶ 주니어커리어넷에 접속하여 진로흥미탐색을 해봐요.

① 크롬(◎)을 실행하여 검색 칸에 **주니어커리어넷**을 입력한 후 `Enter⏎`를 누르세요.

② 해당 정보가 검색되어 나오면 **주니어커리어넷** 클릭해 주세요.

③ 사이트가 열리면 [나를 알아보아요]-[저학년 진로흥미탐색]을 클릭하세요.

④ 해당 페이지가 열리면 <비회원으로 계속>을 클릭하세요.

❺ **직업의 중요성 알아보기**를 클릭 → 첫째 클릭 → 내용을 읽어본 후 오른쪽 이동 단추(➡) 클릭 → 셋째가
될 때까지 이동 단추(➡) 클릭

❻ 자기이해에 대한 문제가 나오면 문제를 읽고 질문에 대한 답을 체크하세요.

💡 자기이해 문제는 총 18문제가 나오며, 본인의 생각을 솔직하게 체크해 보세요.

❼ 나에게 가장 적합한 유형이 나오면 해당 내용을 읽어본 후 **<나의 다짐 작성하기>**를 클릭하여 필요한 내
용을 입력해 보세요.

▲ 내용 확인

1 몬스터 타자를 이용하여 원하는 콘텐츠로 마우스를 연습하세요.

2 특수키를 조합하여 커서를 빠르게 이동시켜 보세요.

> ❶ [실습파일]-[특수키] 폴더에서 **빠른이동(문제).hwp** 파일을 더블 클릭 하세요.
>
> ❷ Ctrl + → 는 커서를 단어 길이에 맞추어 오른쪽으로 빠르게 이동할 수 있어요.
>
> ❸ Ctrl + ← 는 커서를 단어 길이에 맞추어 왼쪽으로 빠르게 이동할 수 있어요.
>
> ❹ Ctrl + Page up 은 커서를 문서 첫 페이지의 첫 번째 글자로 한 번에 이동할 수 있어요.
>
> ❺ Ctrl + Page Down 은 커서를 문서 마지막 페이지의 마지막 글자로 한 번에 이동할 수 있어요.

							개	미	와		베	짱	이			
	개	미	들	은		여	름	철	에		거	두	어	들	인		곡	식	을
말	리	며		겨	울	나	기	를			하	고		있	었	습	니	다	.
	배	고	픈		베	짱	이		한		마	리	가		개	미		집	을
지	나	가	다	가		먹	을		것	을		조	금		달	라	고		간
절	히		빌	었	습	니	다	.								

22 계산기 앱 활용하기!

> ▷ 몬스터 타자를 이용하여 '주제별 낱말'과 '짧은글'을 연습하세요.
> ▷ 내년 내 생일까지 며칠이 남았는지 [계산기] 앱으로 계산해 보세요.

STEP 01 · 타자첫걸음

① 몬스터 타자 연습(주제별 낱말, 짧은글 연습)

❶ 아래 키보드 그림에서 글자가 누락된 키에 해당하는 내용(자음, 모음, 숫자, 기호, 특수키 등)을 적어보세요.

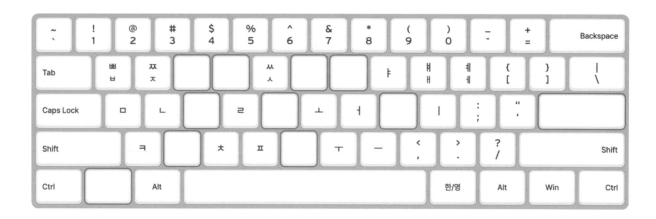

❷ 주제별 낱말을 키보드로 입력할 수 있도록 '자음, 모음, 받침'으로 풀어서 적어보세요.

한	국		➡				
예	맨		➡				
스	웨	덴	➡				
케	냐		➡				
중	국		➡				
필	리	핀	➡				

❸ 몬스터 타자를 이용하여 [주제별 낱말] 및 [짧은글 연습]을 연습하세요.

손목 휴식 시간!

아래 그림에서 틀린 부분 11개를 찾아서 오른쪽 그림에 표시해 보세요.

① [계산기]를 이용하여 사칙연산(+, −, ×, ÷)을 할 수 있어요.

❶ [시작] 메뉴를 이용하여 [계산기]를 실행한 후 아래 숫자를 계산하고 답을 적어보세요.

53	+	35	=	
73	−	45	=	
17	x	4	=	
48	÷	3	=	

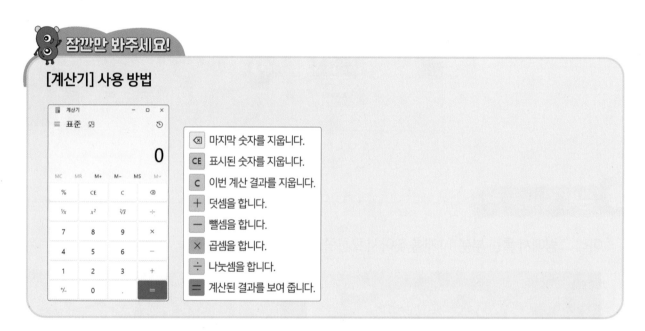

잠깐만 봐주세요!

[계산기] 사용 방법

⌫	마지막 숫자를 지웁니다.
CE	표시된 숫자를 지웁니다.
C	이번 계산 결과를 지웁니다.
+	덧셈을 합니다.
−	뺄셈을 합니다.
×	곱셈을 합니다.
÷	나눗셈을 합니다.
=	계산된 결과를 보여 줍니다.

❷ '비니모자, 안경, 캡모자, 나비넥타이'를 착용한 친구는 각각 몇 명인지 빈 칸에 적은 후 계산기를 이용하여 사칙연산 문제를 풀어보세요.

② 내년 내 생일까지 며칠이 남았는지 계산해 보아요.

❶ [계산기]에서 **탐색 열기**(☰)를 클릭한 후 **[날짜 계산]**을 선택하세요.

❷ 날짜 계산이 열리면 **종료일 날짜**를 클릭해 주세요.

 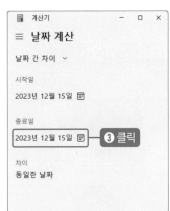

❸ 종료일을 **내년도 내 생일(년, 월, 일)**에 맞추어 선택해 주세요.

💡 첫 화면이 연도 선택이 아닐 경우에는 왼쪽 상단에 표시된 날짜(2024년 12월)를 클릭해서 바꿔주세요.

▲ 연도 선택   ▲ 월 선택   ▲ 일 선택

❹ 내년 생일까지 남음 일수가 계산되어 나오면 괄호 안에 적어보세요.

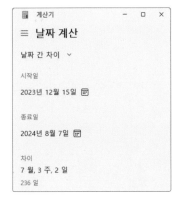

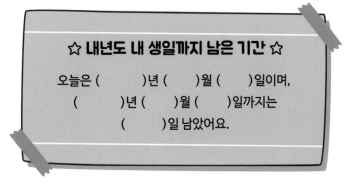

☆ 내년도 내 생일까지 남은 기간 ☆

오늘은 (　　　　)년 (　　　)월 (　　　)일이며,
(　　　　)년 (　　　)월 (　　　)일까지는
(　　　　)일 남았어요.

1 몬스터 타자를 이용하여 원하는 콘텐츠로 마우스를 연습하세요.

2 특수키를 이용하여 아래 그림처럼 입력해 보세요.

불러올 파일 : 종합연습1(문제).hwp

A	A	A	A	ㄲ	ㄸ	ㅉ	ㅃ	bb	bb	bb	bb	ㅒ	ㅖ	ㅒ	ㅖ
복	사	복	사	복	사	복	사	복	사	복	사				
한	자	(	漢	字	)	학	생	(	學	生	)	금	(	金	)
A	A	A	A	B	B	B	B	C	C	C	C	D	D	D	D
aa	aa	aa	aa	bb	bb	bb	bb	cc	cc	cc	cc	dd	dd	dd	dd

23 그림판으로 동화만들기

> 몬스터 타자를 이용하여 '주제별 낱말'과 '짧은글'을 연습하세요.
> 그림판을 이용하여 재미있는 동화를 만들어 보세요.

STEP 01 · 타자첫걸음

① 몬스터 타자 연습(주제별 낱말, 짧은글 연습)

❶ 아래 키보드 그림에서 글자가 누락된 키에 해당하는 내용(자음, 모음, 숫자, 기호, 특수키 등)을 적어보세요.

❷ 주제별 낱말을 키보드로 입력할 수 있도록 '자음, 모음, 받침'으로 풀어서 적어보세요.

권	율	➡						
황	희	➡						
베	토	벤	➡					
처	칠	➡						
왕	건	➡						
안	창	호	➡					

③ 몬스터 타자를 이용하여 **[주제별 낱말]** 및 **[짧은글 연습]**을 연습하세요.

손목 휴식 시간!

아래 그림에서 숨어 있는 마린몬을 찾아보세요.

숨은 마린몬 찾기! :

① 이야기 읽고 색칠하기

이야기 1

옛날, 쵸쵸왕이 다스리는 '발코'라는 왕국이 있었습니다. 쵸쵸왕 주변은 항상 군사들이 지키고 있었는데요. 빅드래곤이 자신의 아버지를 죽음에 이르게 한 발코 왕국을 빼앗기 위해 호시탐탐 공격 기회를 노리고 있었기 때문이에요.

"크~앙~~! 어리석은 쵸쵸왕아 물러나라. 내가 왕이 되어야 한다!"

하지만 빅드래곤이 왕이 되면 사람들은 모두 죽음에 이르게 될 것이 뻔해요.

이야기 2

어둠이 내리기 시작한 늦은 오후. 결국 빅드래곤은 발코 왕국에 불을 지르고 말았어요.

① **[그림판]**을 실행한 후 [파일]-[열기]를 클릭하세요.

② [열기] 대화상자가 나오면 [실습파일]-[23차시] 폴더에서 **이야기2** 파일을 불러와 **채우기**(🪣)로 흰색 부분의 **불**을 색칠하세요.

이야기 3

쵸쵸왕이 살고 있는 성과 성 주변은 잿더미가 됐어요.

빅드래곤은 성 안에 있는 여의주를 훔치기 위해 비행을 하고 있어요.

"여의주를 얻게 되면 바로 내가 발코 왕국의 왕이 되겠지."

③ [파일]-[열기]를 클릭하여 **이야기3** 파일을 불러와 빅드래곤 **한쪽 날개**를 색칠하세요.

④ **색 선택**(💧)을 이용하여 반대쪽 날개를 클릭한 후 **채우기**(🪣)로 색을 칠하세요.

💡 색 선택(💧)을 이용하면 선택한 부분과 똑같은 색을 추출할 수 있어요.

이야기 4	이야기 5	이야기 6

이대로 당할 수만은 없는 쵸쵸 왕이 직접 투구를 입고 빅드래 곤과 대결을 했어요. "킁킁, 이 콩알만한 쵸쵸왕 어디 한번 덤벼 봐라."	쵸쵸왕과의 대결에서 마법의 화살촉을 맞은 빅드래곤은 해골 모양의 돌이 되었답니다.	쵸쵸왕이 힘겹게 빅드래곤을 물 리치고 돌아오자 이웃 나라 공 주가 달려와 왕의 승리를 축하 해 주었습니다.

② 이야기 만들어 동화 장면 나타내기

❶ 다음 마지막 장면을 보고 **이야기 7** 빈 칸에 여러 분이 원하는 동화 내용을 적어보세요.

이야기 7

❷ [파일]−[열기]를 클릭하여 **이야기7** 파일을 불러오세요.

❸ **텍스트**(Ⓐ) 클릭한 후 글자 **크기(26)**와 **굵게**를 지정하세요.

❹ 그림 아래 흰색 부분에 맞추어 드래그한 후 이야기7 빈 칸에 적은 동화 내용을 입력하세요.

1 몬스터 타자를 이용하여 원하는 콘텐츠로 마우스를 연습하세요.

2 특수키를 이용하여 아래 그림처럼 입력해 보세요.

불러올 파일 : 종합연습2(문제).hwp

~	^	&	^	~		(	*	_	*	)		(	-	_	*	)
♨	목	욕	탕		★	스	타		♣	행	운		※	참	고	
<	12	월		25	일	:	크	리	스	마	스	>				
"	4	월		5	일	은		식	목	일		입	니	다	!	"
사	자	는		영	어	로		'	L	i	o	n	'	입	니	다 .

24 이만큼 배웠어요!

학 습 목 표

▷ 몬스터 타자 프로그램의 낱말팡팡을 이용하여 본인의 타자 실력을 확인해 보세요.

▷ 사지선다 문제로 컴퓨터 기본 실력을 확인해 보세요.

STEP 01 · 타자첫걸음

1 [타자게임]-[낱말팡팡]으로 타자 실력 확인하기

❶ 몬스터 타자를 이용하여 [타자게임]을 실행합니다.

❷ [낱말팡팡]을 이용하여 본인의 실력에 맞는 레벨로 타자 실력을 확인합니다.

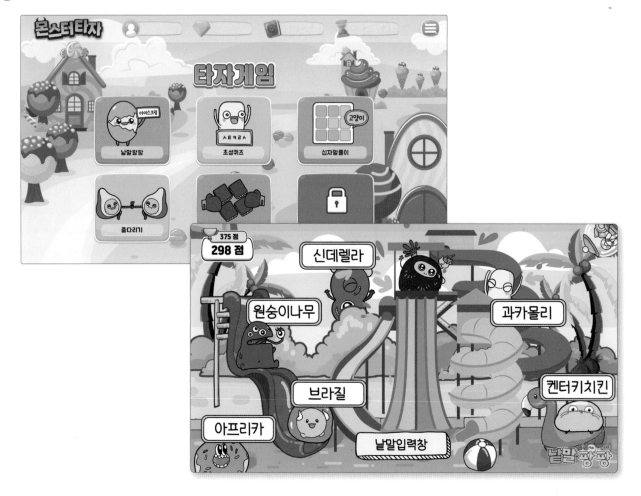

② 컴퓨터 기본 실력 확인하기

01 마우스로 여러 개의 파일을 동시에 선택하려면 어떤 특수키를 함께 눌러야 할까요?

① Shift   ② Ctrl   ③ Spacebar   ④ Alt

02 파일을 다른 곳으로 이동하기 위한 바로 가기 키는 무엇일까요?

① Shift + X   ② Ctrl + X   ③ Spacebar + X   ④ Alt + X

03 마우스를 드래그하여 파일을 복사하려면 어떤 특수키를 함께 눌러야 할까요?

① Shift   ② Ctrl   ③ Spacebar   ④ Alt

04 필요 없는 파일을 삭제할 때 어떤 특수키를 눌러야 할까요?

① Esc   ② Insert   ③ Delete   ④ Home

05 삭제된 파일은 어디로 이동되나요?

① 바탕화면   ② 메모장   ③ 휴지통   ④ 그림판

06 파일을 압축하였을 때 파일명 뒤에 붙는 확장자는 무엇일까요?

① .zip   ② .jpg   ③ .pptx   ④ .show

07 파일의 이름을 변경하기 위한 바로 가기 키는 무엇일까요?

① F1   ② F2   ③ F3   ④ F4

08 화면을 캡처하기 위한 바로 가기 키는 무엇일까요?

① ⊞ + Ctrl + S   ② ⊞ + Alt + S

③ ⊞ + Shift + S   ④ ⊞ + W + S

09 작업을 취소하고 이전 작업으로 되돌아가기 위한 바로 가기 키는 무엇일까요?

① Alt + A   ② Ctrl + A   ③ Ctrl + Z   ④ Alt + Z

10 영문을 입력할 때 '대문자'와 '소문자'를 변경할 수 있는 특수키는 무엇일까요?

① Enter↵   ② Caps Lock   ③ Backspace   ④ Spacebar

부록 01 산타 추적기 산타 셀카

산타 추적기

학습목표

▶ 산타 추적기 게임을 통해 클릭과 드래그를 연습합니다.

1 게임 준비하기

① 인터넷을 실행한 다음 '구글산타추적기'를 검색하여 접속합니다.

② ≡ 버튼을 클릭하여 [산타 셀카]를 찾아 선택합니다.

② 게임 시작하기

· 왼쪽의 다양한 미용 도구를 이용하여 산타를 예쁘게 꾸밀 수 있어요.

❶ 산타의 머리와 수염을 자를 수 있는 도구예요.
❷ 은은하고 기분 좋은 향이 나는 향수예요.
❸ 미용 전에 물을 뿌리면 엉킨 털을 정리할 수 있어요.
❹ 젖은 머리와 수염을 말릴 수 있어요.
❺ 다양한 색상의 염색 스프레이에요.
❻ 머리와 수염을 꾸밀 수 있는 장식이에요.

▶ 아래와 같은 모습으로 산타를 만들어 보도록 해요. 머리와 수염을 잘 자르는 것이 중요하겠죠?

부록 02 산타 추적기 풍선껌 기울이기

▶ 산타 추적기 게임을 통해 키보드 방향키 누르기를 연습합니다.

1 게임 준비하기

❶ 인터넷을 실행한 다음 '구글산타추적기'를 검색하여 접속합니다.

❷ ≡ 버튼을 클릭하여 [풍선껌 기울이기]를 찾아 선택합니다.

② 게임 시작하기

· 키보드의 왼쪽 방향키와 오른쪽 방향키를 눌러 빨간색 지팡이를 기울이면 사탕이 아래쪽으로 떨어져요.

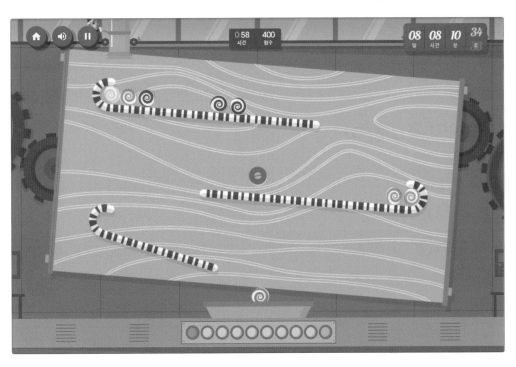

▶ 단계가 올라갈수록 난이도가 어려워질 거예요. 주어진 시간 안에 높은 점수를 획득해 보세요.

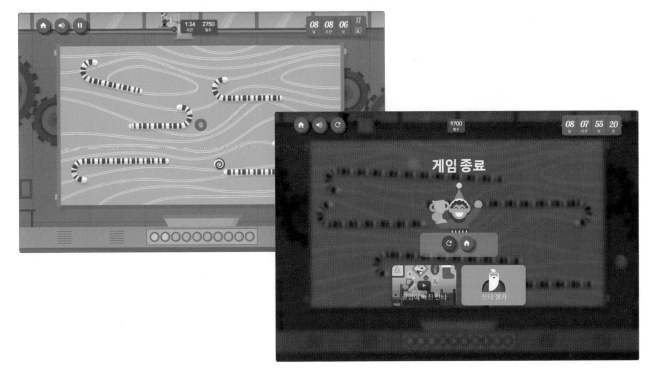

부록 03 산타 추적기 산타의 캔버스

▶ 산타 추적기 게임을 통해 클릭과 드래그를 연습합니다.

1 게임 준비하기

❶ 인터넷을 실행한 다음 '구글산타추적기'를 검색하여 접속합니다.

❷ ☰ 버튼을 클릭하여 [산타의 캔버스]를 찾아 선택합니다.

❷ 게임 시작하기

❶ 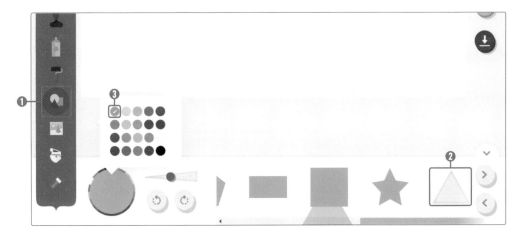 을 클릭한 다음 삼각형을 선택하고 트리 색상으로 바꿔주세요.

❷ 도형의 크기를 조절한 다음 화면을 클릭하여 트리를 만들어 줍니다. 🔄 을 누르면 이전 단계로 돌아갈 수 있어요.

❸ 똑같은 방법으로 사각형을 선택하여 트리를 완성시켜 보세요.

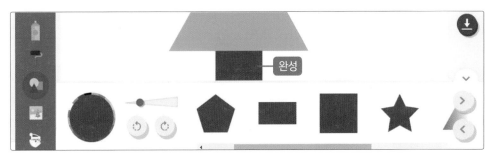

MEMO